Texte détérioré — reliure défectueuse

NF Z 43-120-11

Contraste insuffisant

NF Z 43-120-14

MÉMOIRES

SUR

L'ART DE LA GUERRE

PAR

LE GÉNÉRAL COMTE DE LA ROCHE-AYMON

TOME PREMIER

PARIS

LIBRAIRIE MILITAIRE, MARITIME ET POLYTECHNIQUE

DE J. CORRÉARD

Libraire-éditeur et libraire-commissionnaire

RUE SAINT-ANDRÉ-DES-ARTS, 58

1857

MÉMOIRES

SUR

L'ART DE LA GUERRE

Paris. — Typographie de Gaittet et Cie, rue Gît-le-Cœur, 7.

MÉMOIRES

SUR

L'ART DE LA GUERRE

PAR

LE GÉNÉRAL COMTE DE LA ROCHE-AYMON

TOME PREMIER

PARIS

LIBRAIRIE MILITAIRE, MARITIME ET POLYTECHNIQUE

DE J. CORRÉARD

Libraire-éditeur et libraire-commissionnaire

RUE SAINT-ANDRÉ-DES-ARTS, 58

1857

INTRODUCTION.

Au commencement du XIXe siècle un officier français exilé, le capitaine, depuis général, comte de La Roche-Aymon publia le résultat de sept ans d'études, de veilles et de méditations consacrées à l'art militaire sous le titre *d'Introduction à l'Art de la Guerre.*

Pénétré de l'importance des études théoriques, pour éclairer la pratique, études qui étaient presque complétement négligées par égard pour les préjugés alors en honneur, connaissant aussi par sa propre expérience les difficultés que rencontraient le petit nombre d'officiers désireux de s'instruire, à cause du peu de moyens qui étaient à leur disposition, le comte de la Roche-Aymon combattit avec succès les préjugés en faveur de l'ignorance et proposa des moyens d'instruction infaillibles pour ceux qui le suivraient dans la carrière des armes.

Plusieurs causes contribuaient alors à la décadence de l'instruction militaire, la première était le préjugé généralement admis de l'inutilité de cette instruction. Pourquoi alors passer les plus belles années de sa jeunesse à pâlir sur l'étude des campagnes des grands capitaines, pour tâcher de découvrir les principes qui les ont guidés dans le cours de leur carrière, ou pour reconnaître les applications variées qu'ils ont faites des principes fondamentaux de l'art de la guerre, selon les temps, les lieux, les armes, les troupes, etc. ? A quoi bon s'occuper de l'organisation des armées, de leur armement, de leur manière de combattre, de leur recrutement, de leur moral, de leur instruction militaire, de la statistique générale des États, de leurs places, de leurs frontières, de leur politique extérieure, de leurs alliances actuelles ou probables selon les puissances belligérantes, etc. A quoi bon en effet chercher à se familiariser avec les diverses branches de la science de la guerre, afin de bien se pénétrer de leurs principes, de les coordonner et de se mettre en état de les appliquer pour le succès des opérations militaires dont on pourrait être chargé, si le talent ou la fortune conduisait au commandement? Puisqu'alors, comme aujourd'hui, l'on admettait généralement que la connaissance pratique de quelques manœuvres spéciales à l'arme à laquelle l'on appartenait constituait le grand homme de guerre! Cependant la guerre, comme tous les autres arts, a ses principes, dont les applications seules sont susceptibles de variétés, et c'est ce qu'on néglige.

« Cette fausse manière d'envisager l'art de la guerre a dû nécessairement apporter de grands retards à ses progrès. Les heures employées à l'exécution de ces évolutions chimériques en temps de guerre ont été perdues pour l'étude, et comme ce n'a été qu'à force de répéter et de recommencer ces manœuvres qu'on est parvenu à leur perfection, il en est résulté cette conséquence fâcheuse, perpétuée dans beaucoup d'officiers, que la valeur suffit à la guerre et que, s'il est des connaissances essentielles à un militaire, elles peuvent s'acquérir sans étude dans le tumulte des armes, au milieu des armées, enfin que la théorie est très-inférieure et subordonnée à la pratique.

M. de La Roche-Aymon combat ce funeste préjugé contre l'instruction par le raisonnement et par l'exemple des anciens qui avaient établi des écoles publiques où l'on enseignait les principes et les règles de l'art de la guerre, tant ils étaient convaincus de la nécessité de la théorie et de l'insuffisance de la pratique.

Sans doute on a vu, surtout pendant la révolution française, des généraux improvisés, tirés de professions étrangères à l'art militaire, combattre des généraux expérimentés; mais s'ils ne possédaient pas la théorie, ce n'était pas non plus la pratique qui les avait formés, car dans la même année de soldats ils devenaient généraux. Qui donc les a formés? Le génie! Mais la nature est avare de tels hommes et le *peuple des généraux*, selon une heureuse expression de *Lloyd*, doit s'appuyer sur les principes et s'habituer par de longues méditations à en déduire les applications conformes aux circonstances, pour éviter des fautes irréparables. « Sans la théorie, en effet, l'homme né avec de grands talents pour la guerre tombera dans de grandes erreurs et fera bien des campagnes avant que expérience lui ait appris à se conduire. Les circ onstances, les situations, les actions sont à la guerre d'une variété innombrable, il n'y en a pas deux qui se soient jamais ressemblées parfaitement; aussi, après plusieurs campagnes, les cas où l'on se trouve pourraient paraître toujours nouveaux et imprévus à celui qui n'aurait d'autres lumières que l'expérience. Mais celui qui entre dans la carrière prémuni de bons principes en fait facilement l'application et n'est jamais incertain ni embarrassé, car il n'y a aucun cas qui ne se rapporte à quelques règles de la théorie qu'il a étudiée. »

Enfin une opinion d'un grand poids au sujet de cette question est celle de Napoléon, qui s'exprime ainsi :

« Lisez, relisez les campagnes d'Alexandre, d'Annibal, de César, de Turenne, de Condé, d'Eugène et de Frédéric, modelez-vous sur eux ; voilà le seul moyen de devenir grand capitaine et de surprendre les secrets de la guerre. Votre génie, éclairé par cette étude, vous fera rejeter les maximes opposées à celles de ces grands hommes. »

La théorie doit donc toujours précéder la pratique.

Tout en démontrant la nécessité de la théorie et sa supériorité sur l'expérience, qui souvent n'est que la routine, le général de La Roche-Aymon se garde bien de regarder la guerre comme une science de pure spéculation. Loin de se jeter dans un extrême si dangereux, à l'exemple de Xénophon et des autres militaires distingués qui l'ont suivi, il recommande de tout rapporter au terrain et de confirmer par l'application les principes et les prescriptions de la théorie. Le terrain est le seul grand livre de guerre : quiconque n'y sait pas lire doit se contenter du titre de *brave soldat* et ne pas prétendre à celui de *général*.

La seconde cause à laquelle le général de La Roche-Aymon attribue l'éloignement des officiers pour l'étude de l'art de la guerre consiste dans l'absence de livres militaires convenablement ordonnés et rédigés pour servir de guides aux jeunes officiers.

Ce n'étaient pas en effet les livres qui manquaient à l'époque où écrivait le comte de La Roche-Aymon, car jamais siècle n'en avait vu paraître autant ; « mais à quoi bon, dit-il, pour les jeunes gens cette effervescence de littérature militaire ? De quelle utilité pour eux toutes ces savantes productions ? Aucun des auteurs ne s'est avisé d'approfondir assez l'art de la guerre pour en déduire les éléments, les ramener, les assujettir à des parties principales assez remarquables pour en former un corps régulier, un ensemble harmonieux et suivi, en un mot donner une théorie appuyée sur des règles mathématiques aussi simples que solides, qui puisse servir de guide aux jeunes gens et les conduire à une application claire et facile des manœuvres élémentaires aux grandes opérations de la guerre. »

Le comte de La Roche-Aymon passe en revue les principaux écrivains militaires, Puysegur, Feuquières, Guiscard, Guibert, Folard, Santa-Cruz, Rohan, Montécuculli, le maréchal de Saxe, etc.; mais tous ces ouvrages ne peuvent être mis entre les mains de tout le monde; car les uns ne sont pas suffisamment didactiques, et les autres sont écrits d'une manière trop concise, mais qui suffit au génie pour se rendre compte et non pour enseigner. « Le génie traite, en effet, les objets comme il les a vus, c'est-à-dire rapidement, en planant sur eux; il ne descend pas dans les détails, il supprime toutes les idées intermédiaires par lesquelles le commun des hommes marche avec effort d'une vérité à l'autre. Sans études préparatoires, sans principes préliminaires, ces ouvrages ne peuvent être que de peu d'utilité à la propagation des connaissances. Les vérités élémentaires de l'art de la guerre bien approfondies peuvent seules servir de clé aux réflexions et aux actions des grands hommes. »

A défaut d'ouvrages généraux, didactiques sur l'art de la guerre, il existait bien de nombreux traités sur l'infanterie, la cavalerie, l'artillerie, la fortification; mais chaque auteur d'un livre sur une de ces branches de l'art de la guerre l'isolait de toutes les autres, la considérait comme une abstraction et ne manquait pas de payer le tribut habituel à la vanité humaine en proclamant l'arme de sa prédilection la première des armes. Et de nos jours encore, l'infanterie n'est-elle pas la première arme du monde pour le fantassin, la cavalerie pour le cavalier, l'artillerie pour l'artilleur, parce qu'on n'a pas cherché, par un choix convenable des guerres, des batailles et des siéges, à démontrer et à convaincre que les différentes armes, dans une armée bien disposée pour combattre, doivent concourir selon leurs propriétés diverses au but qu'on se propose dans les batailles et les siéges, comme les différents rouages d'une montre concourent à donner les heures, et que par conséquent il n'y a pas plus de supériorité d'une arme sur une autre que d'une roue sur un pignon.

Cette disette d'ouvrages didactiques, dégagés des préjugés d'armes, oblige l'officier studieux de tout lire, de tout comparer, de tout rapprocher, sans être rebuté par le nombre des volumes ni se lasser d'un travail assidu et pénible pour se former un ensemble de la science militaire, car les bibliothèques n'offrent que des éléments épars et sans lien.

Enfin, la troisième cause qui empêchait le développement des études militaires était la *cherté des livres militaires*, cause qui existe aujourd'hui et existera longtemps, par suite du petit nombre des militaires qui se préoccupent de connaître le passé de l'art de la guerre, son présent, et de prévoir ses modifications dans l'avenir. A ce sujet, M. le général comte de La Roche-Aymon émit des observations que tout le monde approuvera et fut conduit à proposer la création d'*une bibliothèque complète de livres militaires près de chaque régiment*, laquelle serait à la disposition des jeunes officiers. « Pourquoi, disait-il, le développement du talent doit-il dépendre des hasards de la fortune? pourquoi l'homme né avec des dispositions doit-il les voir étouffer sous le poids minutieux d'un peloton ou d'une compagnie? pourquoi doit-il renoncer à une étude qui développerait ses moyens ou au moins, les conduisant à maturité, en ferait un officier distingué? Sa famille n'est pas riche, ses moyens ne sont pas suffisants! Il faut que, faute de substance, ses dispositions s'endorment, que ses facultés se perdent faute d'exercice. »

C'est pour remédier à cet inconvénient qu'il proposa de créer des bibliothèques régimentaires, proposition renouvelée plusieurs fois depuis par des officiers recommandables, mais qui n'a pas encore été réalisée.

A la tête de chaque bibliothèque, le comte de La Roche-Aymon voulait un officier instruit et expérimenté pour diriger le choix des lectures des jeunes officiers, de manière qu'ils arrivassent progressivement à l'analyse des campagnes les plus remarquables de l'antiquité et des temps modernes, en suivant sur la carte et discutant les marches, les manœuvres, etc., et fissent des applications sur le terrain.

Outre ces moyens d'instruction fournis aux officiers

laborieux, le général comte de La Roche-Aymon, qui avait surmonté de nombreuses difficultés pour arriver à connaître les diverses branches de l'art de la guerre, les résumer et les coordonner en système pour son usage, a voulu épargner à ses contemporains et à ses successeurs les fastidieux travaux qu'il avait abordés en écrivant l'*Introduction à l'Art de la Guerre*, qui a comblé une lacune regrettable dans les bibliothèques militaires.

« Le but de cet ouvrage, écrivait-il, est de remédier à tous les inconvénients précédemment énoncés, et d'offrir, sous le format le moins volumineux et au prix le plus modique, une introduction à l'étude de la science militaire dans tout son enchaînement, depuis les premiers principes jusqu'à ses plus grands résultats, de mettre à même le jeune homme de bonne volonté de s'instruire seul, de prendre des connaissances exactes sur le jeu des diverses armes, leur fort, leur faible, leur manière la plus efficace de se protéger, de s'attaquer et de se nuire avec avantage; en un mot de *former un officier dans toutes les armes*, sans la connaissance desquelles il est impossible *d'être un bon officier et de devenir jamais un général.* »

L'*Introduction à l'Art de la Guerre* forme quatre volumes accompagnés d'un bel atlas. Cet ouvrage, à son apparition, eut un grand succès dans le monde militaire, et reçut l'approbation et les éloges des hommes de guerre les plus distingués, tels que le général d'artillerie prussienne Tempelhoff, le général Jomini, célèbre auteur du *Traité des grandes opérations militaires* etc., dont les ouvrages sont devenus classiques.

Le premier volume est consacré à la géographie et à la topographie militaires. L'auteur, au sujet de ces deux branches de l'art de la guerre, émet des opinions d'une justesse incontestable et des principes qui peuvait encore servir de guide malgré les nouveaux progrès accomplis.

Le deuxième volume est composé de trois livres, dont l'un a pour objet l'artillerie, l'autre l'infanterie et la cavalerie, et le dernier les détachements.

S'élevant au-dessus des préjugés d'armes, il expose le rôle de chacune d'elles dans les opérations militaires et les moyens à employer pour les former promptement, en dégageant leur instruction de tout ce qui est parade et inutile à la guerre.

Le jugement que le comte de La Roche-Aymon, officier de cavalerie, porte sur l'artillerie mérite d'être rapporté, car il fera connaître l'indépendance d'esprit de l'auteur et le point de vue élevé où il s'était placé pour écrire son ouvrage : « L'artillerie est aux troupes ce que les flancs sont aux ouvrages de fortification ; elle est faite pour les appuyer, pour les soutenir, prendre des revers et des prolongements sur les lignes qu'elles occupent. Dans presque tous les volumineux et savants ouvrages qui traitent de cette partie, elle est trop isolée de la tactique, on parle trop de canons et de mortiers ; on en parle pour des officiers canonniers et bombardiers, mais pas assez pour donner à tous les autres officiers des données et des connaissances sur la manière de s'en servir avec avantage ou de s'en garantir. De là les bévues de tant de généraux et d'officiers d'infanterie et de cavalerie : en outre, l'esprit de système et de prévention semble toujours animer les divers auteurs qui en ont traité, on y apporte ses préventions plutôt que son jugement, l'avis que l'on veut conserver plutôt que l'impartialité qui fait que l'on veut voir avant que de juger.

« Se persuader, comme l'on fait quelques tacticiens, que l'artillerie est un accessoire plus embarrassant qu'utile, plus bruyant que meurtrier, et en conséquence n'en pas parler ou ne la faire entrer pour rien dans la combinaison de la tactique, c'est une erreur que la raison et l'expérience condamnent. Dire, avec quelques officiers d'artillerie, qui l'ont avancé dans leurs ouvrages, que l'artillerie est l'arme des armes, qu'elle seule doit décider de la victoire, c'est une autre erreur qui est ou l'effet d'une prévention de corps ou celui de l'amour de l'art que l'on cultive. Tel serait l'aveuglement extrême et également déraisonnable de deux hommes qui croiraient, l'un que tous les mobiles lancés par les bouches à feu atteignent à leur but, que l'exécution de l'artillerie est certaine; et l'autre que le hasard seul dirige ces mobiles, qu'en conséquence l'effet du canon ne doit être compté pour rien dans les combinaisons d'une disposition. *L'artillerie bien employée est un moyen de plus pour l'homme de génie; donc ses manœuvres doivent être analogues à celles des troupes*[1], *donc il faut que les commandants, les officiers des troupes connais-*

1. Ce but a été complétement atteint par l'ordonnance relative aux manœuvres et évolutions des batteries attelées, depuis l'adoption du nouveau matériel de campagne et l'organisation du personnel qui a réuni les attelages et les servants en 1829.

sent les résultats que l'on peut attendre des différentes dispositions ou exécutions des bouches à feu, afin de combiner ces résultats, soit dans la disposition générale d'une armée, soit dans celle des détachements particuliers.

« Tel est l'esprit qui m'a dirigé dans les extraits des nombreux ouvrages sur l'artillerie que j'ai médités. »

L'auteur décrit dans son livre le service des bouches à feu, leur portée, les circonstances ou où s'en sert le plus avantageusement, les artifices de guerre, la *tactique* de l'artillerie ou l'art de l'employer avantageusement dans la guerre de campagne, tactique très-bornée alors, par suite de la lourdeur du matériel et surtout de l'organisation vicieuse du service des attelages qui était confié à des entrepreneurs. Les divers travaux de l'artillerie sont clairement exposés, ainsi que le service des ponts militaires, auxquels il consacre un long et intéressant chapitre.

Dans le 2e livre, relatif à l'infanterie et à la cavalerie, le général de La Roche-Aymon montre la même hauteur de vue et la même justesse de jugement. « Les militaires et surtout les auteurs militaires, dit-il à propos de l'infanterie, ne sont d'accord sur presque aucun des principes; celui-ci croit l'invention de la poudre l'époque de la perfection de l'art militaire, celui-là la regarde comme une invention qui a nui aux progrès de l'art; l'un réclame les piques, l'autre l'ordonnance de profondeur; l'un veut des légions, l'autre des colonnes; celui-ci des plésions, celui-là des cohortes; tous s'attaquent, se détruisent mutuellement pour élever, sur les débris des uns des autres, des systèmes compliqués et bien éloignés de la possibilité des circonstances, des constitutions des armées actuelles; l'ordre actuel est à peine approfondi. J'ai cru essentiel de poser les principes de l'ordonnance et de la formation de l'infanterie telle qu'elle est, et non comme il serait possible qu'elle fût. Je n'ai point la présomption de vouloir enseigner, encore moins de réformer, mais d'offrir dans un ensemble les vérités fondamentales de chaque arme, telle qu'elle est aujourd'hui, vérités indépendantes des différentes ordonnances et que l'on doit suivre constamment, quelle que soit la différence des moyens pour y parvenir.

« Le premier objet du matériel de l'art est de former le soldat relativement à l'usage qu'on en veut tirer, de le pourvoir des armes qui y sont propres, et de l'instruire de ce qu'il a à faire. Aussi l'école d'instruction individuelle occupe le premier chapitre. Je passe graduellement à la formation de la troupe, à ses mouvements, enfin à ses manœuvres. Quand j'ai bien approfondi la nature, le service, l'emploi de l'infanterie, je passe à l'infanterie légère, détaille les nuances qui existent dans son service, et indique les occurences et la manière de s'en servir le plus avantageusement. »

Quant à la cavalerie, l'auteur s'exprime ainsi : « Il a paru beaucoup de livres sur la cavalerie ; mais, tout en rendant hommage aux talents des auteurs, je trouve qu'ils n'ont pas assez généralisé les principes de l'art, qu'ils ont trop écrit pour des officiers cavaliers ; d'ailleurs, l'esprit de système ou de préférence pour cette arme les a infiniment écartés du but que tout auteur doit se proposer, celui d'être généralement utile.

« J'ai suivi ici la même méthode que pour l'infanterie. J'expose les principes élémentaires de la formation du cavalier, les connaissances préliminaires essentielles pour être au fait du jeu intérieur des parties intégrantes de la cavalerie. Je passe aux mouvements de l'escadron, enfin aux mouvements d'un plus ou moins grand nombre d'escadrons; les nuances qui existent entre la cavalerie proprement dite et celle que nous appelons légère terminent cet article.

« La tactique de deux armes n'est qu'une; quoiqu'il y ait des différences considérables dans les détails intérieurs des écoles et dans les principes d'instruction, différences qui existent d'autant plus réellement que les individus et les armes ne sont pas les mêmes; mais le bataillon et l'escadron une fois dressés, les détails cessent, leurs mouvements doivent arriver aux mêmes résultats. Il faut s'attacher à les combiner ensemble, à les rendre si intimement analogues les uns aux autres que ceux de l'infanterie ne soient point étrangers à la cavalerie, que ceux de la cavalerie ne le soient pas non plus à l'infanterie, qu'enfin tout officier qui aura réfléchi, qui aura exercé son coup d'œil relativement à ces deux armes puisse en concevoir également le mécanisme. »

Nous ajouterons que, depuis l'organisation rationnelle de l'artillerie, cette arme exécute avec ses voitures, et aussi rapidement que la cavalerie, des manœuvres analogues à celles de l'escadron et des évolutions de ligne. Cette nouvelle propriété de l'artillerie permettrait peut-être d'établir une tactique analogue pour les trois armes en tenant compte des espaces nécessaires aux mouvements particuliers des éléments, homme, cheval, voiture, dans les manœuvres.

Le général comte de La Roche-Aymon complète enfin l'exposition du mécanisme des trois armes par des manœuvres d'ensemble, où il les réunit pour exécuter des opérations supposées qui lui servent à montrer le rôle spécial des armes diverses et les services mutuels qu'elles se rendent.

Le dernier livre du 2e volume, consacré aux détachements, à ce qu'on appelle *la petite guerre*, comprend les connaissances nécessaires aux moindres patrouilles et reconnaissances, ainsi que celles qui le sont pour la conduite des forts détachements composés de diverses armes, et qui ont pour but les expéditions lointaines et délicates. « La connaissance des diverses armes, dit-il, pouvait seule apprendre à saisir et à profiter de ces combinaisons avec réserve et avantage. »

Le 3e volume est entièrement consacré à la fortification permanente et passagère. L'auteur en expose les principes, les tracés, la construction, les propriétés, l'attaque, la défense, et termine par un intéressant chapitre sur les applications de la fortification au terrain et des forteresses à la formation d'un bon système de frontières.

Cette partie de l'ouvrage, qui résume clairement tous les systèmes de fortification, est celle qui, de l'aveu du comte de La Roche-Aymon, lui a présenté le plus de difficultés et de désagréments. « Combien d'auteurs, dit-il, n'ai-je pas été obligé d'étudier? Il est aisé de voir que la plupart des plus célèbres, en prenant la plume, ont moins songé à former des élèves qu'à faire approuver par les connaisseurs quelques idées nouvelles.... Si l'art de la fortification, malgré son évidente nécessité, la grande quantité de places existantes qui attestaient les principes des grands maîtres, avait eu jusqu'à présent si peu de principes clairs, à combien plus forte raison en manque cette partie de la fortification applicable à la sûreté et conservation des armées, soit dans le courant d'une campagne, soit pendant le repos des quartiers d'hiver, en un mot la fortification de campagne ou passagère. »

Ce traité de fortification passagère, résultat de

l'analyse critique de tous les auteurs remarquables qui ont écrit sur cette partie, tels que *de Clairac*, *Folard*, *de Gandi*, *Thielk*, *Cugnot*, etc., est remarquable. Depuis l'époque où l'ouvrage dont nous parlons a vu le jour jusqu'à présent, la fortification passagère, dont Napoléon appréciait si bien l'importance, est restée stationnaire. Mais le rôle qu'elle a joué pour la défense de Sébastopol, dans la dernière guerre, appellera nécessairement l'attention des ingénieurs sur cette branche de l'art de fortifier.

Dans le 4e et dernier volume, le général de La Roche-Aymon traite de la tactique générale, c'est-à-dire de l'art de faire concourir les trois armes, infanterie, cavalerie, artillerie, et la fortification de campagne à l'exécution des grandes manœuvres de guerre : la castramétation, les marches, les ordres de bataille, les quartiers d'hiver, en un mot toutes les opérations qu'un général peut entreprendre dans une campagne sont exposées clairement, et de nombreux exemples, choisis dans les guerres de la révolution, confirment les principes et rendent moins aride leur développement.

Enfin les derniers chapitres sont consacrés à la science qui guide le général pour former ses projets, en ayant égard aux mille circonstances matérielles, physiques, morales, politiques, qui influent plus ou moins sur le succès des opérations militaires, à cette science sublime, comme dit le général de La Roche-Aymon, la *stratégie* enfin, dont Napoléon a fait tant d'applications merveilleuses! Ces applications, en harmonie avec la puissance de son génie, seront désormais rares; car le *peuple des généraux* hésitera toujours à faire de vastes plans de guerre, de peur de ne pouvoir en diriger convenablement toutes les parties, et manquera souvent de résolution pour les exécuter, s'il les a hardiment conçus, à l'exemple de Napoléon. Cette conclusion pourrait paraître téméraire si elle n'était la conséquence de l'opinion suivante, émise par un maréchal de France, le duc de Raguse, dans son beau livre, *Essai sur les institutions militaires*, « la nécessité d'arrêter ses résolutions est la partie la plus pénible du commandement... »

Aussi, dans l'avenir, beaucoup de généraux chercheront probablement plutôt à ne pas éprouver de revers qu'à gagner des batailles décisives. Beaucoup hésiteront à se servir des puissants moyens mis à leur disposition par les conventions modernes. On tendra ainsi à revenir aux conceptions stratégiques analogues à celles du siècle passé, dont le général de La Roche-Aymon a exposé les principes.

En résumé, l'*Introduction à l'Art de la Guerre* est un manuel complet de l'état de cet art à la fin du XVIIIe siècle. C'est un ouvrage qui sera consulté avec fruit par les militaires et les historiens qui voudront se former des idées justes sur les opérations militaires de cette époque et sur les moyens dont les généraux disposaient pour les exécuter.

Un beau et utile travail à exécuter, dont nous livrons le plan aux officiers instruits, laborieux et passionnés pour l'art militaire, serait de continuer chaque chapitre de l'*Introduction à l'Art de la Guerre* en exposant dans chacun d'eux les modifications et les perfectionnements opérés dans les diverses branches de l'art de la guerre depuis 1800 jusqu'à nos jours. L'ouvrage complet, qui se composerait alors de six volumes environ et d'un bel atlas, constituerait pour l'officier un *Manuel général de l'Art de la Guerre* depuis Louis XIV. Mais peut-être un pareil ouvrage, dont l'impression serait très-dispendieuse, ne trouverait-il pas d'éditeur? car les études militaires ne sont guère plus en honneur aujourd'hui qu'à l'époque où le général comte de La Roche-Aymon blâmait la négligence dont elles étaient l'objet.

En attendant, il s'est trouvé un éditeur[1] qui, voulant faire connaître aux jeunes officiers l'*Introduction à l'Art de la Guerre*, ouvrage très-rare aujourd'hui, s'est proposé, non pas de le réimprimer entièrement avec son atlas, mais d'extraire de chaque partie ce qu'il y a d'essentiel et d'un intérêt actuel pour en faire autant de Mémoires spéciaux; de sorte que cette nouvelle publication, sous le titre de *Mémoires sur l'Art de la Guerre* sera dégagée de ce qui ne présente pas un intérêt d'actualité, tel que les manœuvres et évolutions d'infanterie et de cavalerie, etc., ou est trop technique, comme la fortification des places.

MARTIN DE BRETTES.

1. M. J. Corréard, libraire-éditeur d'ouvrages militaires, rue Saint-André-des-Arts, 58, Paris.

MÉMOIRES

SUR

L'ART DE LA GUERRE.

I.

MÉMOIRE

SUR LA NÉCESSITÉ ET L'IMPORTANCE DES ÉTUDES MILITAIRES.

C'est une vérité généralement reconnue qu'il n'y a point de science plus difficile que celle de la guerre, et cependant, par une étrange contradiction de l'esprit humain, ceux qui embrassent cette profession ne donnent que peu ou point d'application à son étude. Ils semblent croire que la connaissance de quelques manœuvres constitue le grand homme de guerre. Ce préjugé est tellement répandu que, dans presque toutes les armées, on n'enseigne rien autre chose. Les continuels changements, les variétés d'exercices, d'évolutions et toute cette mobile école du soldat prouvent évidemment que cette tactique n'est fondée que sur le caprice. La guerre cependant, comme tous les autres arts, a pour base des principes constants, dont les applications seules sont susceptibles de variétés, et voilà ce que l'on néglige. Cette fausse manière d'envisager l'art de la guerre a dû nécessairement apporter de grands retards à son étude et à ses progrès. Les heures employées à l'exécution de ces évolutions chimériques en temps de guerre ont été perdues pour l'étude, et comme ce n'a été qu'à force de répéter et de recommencer ces manœuvres qu'on est parvenu à leur perfection, il en est résulté cette conséquence fâcheuse, perpétuée dans beaucoup d'officiers, que la valeur suffit à la guerre et que, s'il est des connaissances essentielles à un militaire, elles peuvent s'acquérir sans étude, dans le tumulte des armes, au milieu des armées, enfin que la théorie est très-inférieure et subordonnée à la pratique.

On a souvent dit que la guerre est un métier pour les ignorants, et une science pour les habiles gens. Si cette pensée est juste, elle seule décide la question. Comme une science ne peut s'acquérir que par l'étude des règles et par les combinaisons de l'esprit, on doit conclure que la pratique seule et tel nombre de campagnes que l'on voudra ne suffisent point pour initier dans toutes les parties de la guerre, qu'il faut une étude des règles et de ses principes, que sans ce secours on agira toujours en aveugle et dépendra sans cesse des caprices du sort et du hasard. Si l'art de la guerre était purement mécanique, on serait d'accord que la pratique suffit pour s'y former; mais on distingue dans cet art les opérations de l'esprit et les exercices du corps. Les derniers peuvent se perfectionner dans le tumulte des camps, au lieu que ce qui est purement intelligence et réflexion, devant précéder l'ouverture de la campagne, ne peut s'acquérir que par l'étude; ce n'est que de loin et dans les loisirs de la paix que l'on peut cultiver ces connaissances qui doivent à la guerre enchaîner la victoire; la pratique, l'expérience ne font que concourir au plus ou moins de facilité de l'exécution.

Les anciens, aussi éclairés que nous, étaient si convaincus de cette nécessité de la théorie et de l'insuffisance de la pratique, qu'ils avaient établi des écoles publiques où l'on enseignait par règles et par principes l'art de la guerre.

Deux peuples célèbres, les Grecs et les Romains, ont porté par ce moyen la science de la guerre à sa perfection; les autres, bornés à quelques usages, ou conduits par une routine aveugle, mettaient presque toujours leur confiance dans la multitude. Les Grecs vifs, spirituels, amateurs de la gloire, jaloux de leur liberté, connurent de bonne heure que la force des armées consistait plus dans l'art et dans la discipline que dans le nombre: que celui-ci devenait souvent plus embarrassant qu'utile, et qu'une poignée de soldats bien formés, bien dirigés, pouvait vaincre de grandes armées mal ordonnées et mal conduites. Ces réflexions leur firent bientôt trouver les vrais principes sur lesquels ils constituèrent leurs troupes, particulièrement leur infanterie, à laquelle ils donnèrent d'abord toute leur application; dans le même temps il s'en forma une théorie qui s'enseignait dans les écoles publiques, séparément de toute pratique; on y démontrait l'arrangement des hommes dans une troupe, celui de plusieurs troupes réunies, leurs divers mouvements selon les différents cas, la disposition des ordres de bataille, la manière de camper, de se mettre en marche, de se former, de porter le fort contre le faible, de prévoir les ruses de l'ennemi et de les éviter. On n'oubliait pas les diverses espèces d'armes, l'adresse à les manier, la méthode la plus avantageuse de s'en servir, soit offensivement, soit défensivement : les maîtres ne poussèrent peut-être pas leurs lumières jusqu'à cette savante dialectique qui forme et dirige un plan de campagne, en conduisant ses opérations relativement à la nature du pays et aux positions de l'ennemi, mais du moins ce qui était réduit en théorie donnait une base assurée sur laquelle on pouvait se conduire. Les premières règles fournissaient au talent des moyens faciles d'exécuter de grandes choses, en s'élevant par la combinaison des éléments à des parties plus sublimes.

La guerre était donc regardée, chez les Grecs, comme une science dont il fallait connaître les règles avant de la pratiquer; voilà ce qui rendit la Grèce une pépinière d'habiles guerriers, recherchés par les nations étrangères, et dont plusieurs eurent la gloire de relever des Etats sur le penchant de leur ruine. Tel fut *Timoléon*, qui sauva Syracuse, le célèbre *Xantippe*, à qui les Carthaginois, pressés par les armées romaines, donnèrent toute leur confiance; *Annibal* même ne devint si redoutable que par les leçons de deux Lacédémoniens qui l'accompagnèrent dans ses premières campagnes. On ne voit pas qu'il y ait eu à Rome des maîtres et des écoles publiques de théorie militaire comme à Athènes et Lacédémone; aussi les Romains furent-ils d'abord moins habiles que les

Grecs ; néanmoins on ne peut douter qu'ils n'aient eu de très-bons livres de principes, qui mettaient à même chaque citoyen de s'instruire dans l'étude des grandes parties de la guerre, et de joindre la théorie des grands mouvements d'armée aux exercices particuliers du champ de Mars. C'est ce que l'on peut aisément inférer de divers passages de *Festus*, de *Pline* l'ancien, *Nonnius*, *Marcellus*. *Vegece* avoue lui-même avoir tiré tout ce qu'il dit non-seulement de *Caton* [1], mais de *C. Celsus* et de *Paternus* qu'il cite comme un auteur très-profond dans la science des armes : ce qu'ils pratiquaient, quant à la tactique, était appuyé sur des principes et des règles immuables qu'ils s'étaient formés peu à peu.

L'ordre de la légion, quoique moins géométrique que la phalange, avait son calcul, et l'art de sa formation l'emportait de beaucoup sur celui des Grecs [2] soit par la combinaison des armes et de ses divisions, soit

1. Les livres de Caton l'ancien, *de re militari*, parlaient non-seulement des lois sur la discipline militaire qu'il avait recueillies en corps, mais aussi des ordres de bataille et des différentes évolutions.

Il est évident que Caton n'a point été le seul ni le premier qui ait écrit sur la guerre, et que l'on commença à se livrer à Rome à cette étude, dès que les livres des tacticiens Grecs s'y introduisirent, ce qui dut avoir lieu après la guerre de Pyrrhus et vers le temps de la première guerre Punique. C'est en effet de cette époque qu'ils ont commencé à mettre de la finesse dans leurs ordres de bataille et de la science dans la conduite de la guerre.

1. Ce fut un Dieu, s'écrie Vegece dans son enthousiasme, qui présida à la formation de la Légion.

par les différentes classes de soldats et leur manière de combattre; il faut d'ailleurs observer que ce peuple, né au sein du brigandage, guerrier par besoin et par principe, conçut, pour ainsi dire, au berceau l'idée de son ordonnance, à laquelle il changea très-peu de chose dans la suite, seulement ce qui fut jugé nécessaire pour la perfectionner. Il semble que, destiné à l'empire de l'univers, la nature lui avait inspiré tous les moyens d'y parvenir. En effet, réunissant les causes physiques à la supériorité des vertus, à l'art d'enflammer le courage, il portait contre ses ennemis une force irrésistible, et leur opposait, dans les revers, une constance dont il était le premier exemple. On avait vu chez les Grecs l'art militaire, marchant, pour ainsi dire, du même pas que les autres, croître, se perfectionner avec eux; on vit au contraire les Romains, plongés dans la plus profonde ignorance, briller dans la seule science des armes; l'Italie était assujettie, la Grèce, la Macédoine, l'Asie vaincues, que tous les arts étaient encore à Rome dans l'enfance; la guerre avait absorbé toute leur attention : la regardant comme le seul art, ils y portèrent tout leur esprit et toutes leurs pensées. Leur principal soin était d'examiner, d'étudier en quoi leurs ennemis pouvaient avoir la supériorité sur eux et d'y remédier incontinent; une défaite, un revers n'était jamais perdu pour l'étude ou l'accroissement de leurs connaissances militaires; les épées tranchantes des Gaulois, les éléphants de Pyrrhus, ne les surprirent qu'une fois; quand ils eurent connu l'épée espagnole, ils quittèrent la leur. Si quelque peuple tenant de la nature ou de son institution quelque avantage particulier, ils en firent d'abord usage; ils n'oublièrent rien pour avoir des chevaux Numides, des archers Crétois, des frondeurs Baléares, des vaisseaux Rhodiens, enfin jamais nation ne prépara la guerre avec autant de prudence et ne la fit avec autant d'audace. Comme dit *Flavius Joseph*, la guerre était pour eux une méditation, la paix un exercice: les Romains avaient donc, comme les Grecs, des principes constants, d'après lesquels les généraux agissaient sans crainte et sans incertitude; ainsi la théorie précédait toujours la pratique, et avec le secours de l'étude, éclairé par une ou deux campagnes, on pouvait devenir plus habile que maintenant après trente ans de simple pratique. Lorsque *Xénophon* fut choisi pour remplacer les chefs des Grecs trahis et massacrés par *Pissaphernes*, il était volontaire et n'avait servi que dans les emplois subalternes; cependant on suivit ses avis et il dirigea cette fameuse retraite qui a rendu son nom immortel. Lorsque *Epaminondas* fut mis à la tête des Thébains, il n'avait paru dans aucune occasion; livré sans réserve à la philosophie, à laquelle il joignit l'étude de la politique et de la guerre, il attendait dans la retraite le moment de servir glorieusement sa patrie. Combien trouve-t-on dans l'antiquité d'exemples semblables de généraux qui, paraissant pour la première fois à la tête des armées, ont exécuté les plus grandes entreprises. Croira-t-on qu'ils ont été inspirés, ou qu'ils n'ont été que les favoris de la fortune, comme le croient plusieurs historiens dont *Polybe* s'est moqué? Si *Scipion*, ce fameux Romain, sut à l'âge de 27 ans réparer les fautes de son père et de son oncle tué en Espagne dans la seconde guerre Punique, enlever aux Cartaginois leurs avantages, gagner sur *Asdrubal Giscon* une bataille décisive où il déploya ce que la tactique a de plus recherché, c'est qu'il avait fait une étude réfléchie des ordres de la bataille et des principes de la guerre dans tout l'enchaînement de leurs opérations. *Lucullus*, allant en Asie combattre *Mithridate*, s'instruisait, dit *Cicéron*, en lisant *Xénophon* et les meilleurs auteurs. *Narses*, qui n'avait jamais commandé ni même servi, remplace *Bélisaire*, bat *Totilat* et finit entièrement la guerre des Goths.

Quand on cite des généraux de grande réputation, dit *M. le maréchal de Puységur*, je pense en moi-même qu'ils peuvent avoir acquis plusieurs parties par la pratique qu'ils ont faite, mais sans principes ils n'ont pu acquérir les autres ni perfectionner celles qu'ils pratiquaient.

Mais, me dira-t-on, pourquoi aller chercher dans l'antiquité des preuves de la nécessité de la théorie, pourquoi en citer des exemples si reculés, quand la France nous en offre de si frappants du contraire? Attribuera-t-on à l'étude de la théorie ces prodiges de gloire militaire des armées françaises? Les succès de l'armée de *Pichegru* sur le prince de Cobourg, les divers passages du Rhin par le général *Moreau*, les manœuvres de *Desaix*, la belle défensive de *Masséna* en Suisse et en Italie, n'ont pu être le résultat d'études préparatoires et approfondies. Ces généraux, tirés de professions étrangères à l'art militaire, ou de grades subalternes, pour entrer tout à coup en lice, agir contre des troupes aguerries et manœuvrières, des généraux expérimentés, n'ont pas eu le temps, il est vrai, d'apprendre à conduire leurs entreprises, à disposer leurs troupes dans les combats, mais l'expérience et la pratique n'ont également pas pu leur servir de guides; dans la même année soldat et général, s'ils n'ont pas eu le temps d'étudier, auraient-ils eu celui de se former par l'habitude au maniement des grandes armées? Qui les a donc dirigés? Le génie. Favorisés de la nature, ils en avaient reçu ce feu divin et créateur qui se sent mieux qu'il ne s'exprime. C'est dans sa définition que l'on trouve la solution de ce problème militaire. Le génie est frappé de tout, il étudie pour ainsi dire sans s'en apercevoir, il est forcé, par les impressions que les objets font sur lui, à s'enrichir sans cesse de connaissances qui ne lui ont rien coûté; il jette sur la nature des coups d'œil généraux et éclaire ses abîmes, il recueille dans son sein des germes qui y entrent imperceptiblement et qui produisent dans le temps des effets si surprenants que lui-même est tenté de se croire inspiré; il observe rapidement un grand espace, une multitude d'êtres, ses lumières s'élançant au-delà du présent, s'emparent pour ainsi dire de l'avenir. Incapable de marcher dans la carrière et de parcourir successivement les intervalles, il part d'un point et s'élance vers le but, il tire un principe fécond des ténèbres, suit rarement la chaîne des conséquences, il imagine plus qu'il n'a vu, produit plus qu'il ne découvre. A la guerre le génie est semblable à la divinité, il parcourt d'un coup d'œil le possible, voit le mieux et l'exécute. Les grands généraux, dans les occasions nécessaires, semblent être maîtres des événements et paraissent inspirés dans ces instants où manque le temps de délibérer et où il faut que la première des pensées soit la meilleure; c'est ce que *Bossuet* appelait si énergiquement ces *soudaines illuminations du génie*. Mais la nature est avare de tels hommes, elle peuple

des généraux, dit sagement *Lloyd*, doit s'appuyer sur la géométrie et la théorie longuement méditées, pour éviter de grandes fautes et acquérir du talent. La théorie doit donc toujours précéder la pratique. En effet, sans elle l'homme né avec le plus d'esprit, les plus grands talents pour la guerre, tombera dans de grandes erreurs, et fera bien des campagnes avant que l'expérience, dénuée de toute autre étude, lui ait appris à se conduire. Les circonstances, les situations, les actions sont à la guerre d'une variété innombrable, il n'y en a pas deux qui se soient jamais ressemblées parfaitement; aussi, après plusieurs campagnes, les cas où l'on se trouve pourraient paraître toujours nouveaux et imprévus à celui qui n'aurait d'autres lumières que l'expérience. Mais celui qui entre dans la carrière, prémuni de bons principes, en fait facilement l'application et n'est jamais incertain ni embarrassé, car il n'y a aucun cas qui ne se rapporte à quelques règles de la théorie dont il a fait l'étude. Si quelqu'un entreprenait d'être architecte avant d'avoir appris à bien asseoir les fondements de son édifice et à faire une juste distribution de toutes ses parties, il n'élèverait que des ouvrages informes et sans proportions qui s'écrouleraient avant d'être achevés. L'homme qui n'aurait ni médité ni étudié les principes de son art pourrait, par la seule pratique, parvenir peut-être à quelques succès momentanés, mais que pourrait-on attendre d'un général qui, comme dit *Vegece*, agirait *casu et non arte.*

Tout en démontrant la nécessité de la théorie et de sa supériorité sur la seule expérience, qui souvent n'est que routine, ce serait donner dans un extrême aussi dangereux que de regarder la guerre comme une science de pure spéculation [1]. Xénophon a dit en plusieurs endroits, et bien d'autres ont répété depuis qu'il faut tout rapporter au coup d'œil, à l'action ; aussi lorsqu'on aura parcouru, par une étude approfondie, l'enchaînement des principes de la guerre dans tout leur ensemble, il faut, par l'application de la théorie à la pratique, donner le dernier degré de force à la démonstration. Mais la guerre n'est pas nécessaire à cette étude, elle peut se faire sans troupes et loin des armées. On dessine sur le papier les manœuvres ou mouvements combinés, on se transporte dans la campagne,

1. Je mets une grande différence entre *Science* et *Art de la guerre* : la première consiste dans la parfaite connaissance de la nature des objets, de leurs principes, maximes et règles; elle s'acquiert par l'étude et la méditation : l'Art au contraire, consistant dans l'habilité d'agir en conséquence des principes et des règles puisées dans la théorie, ne se donne que par de fréquents exercices et des pratiques multipliées avec beaucoup de réflexions, — quoique l'Art suppose toujours la Science et lui soit même subordonné, il ne faut pas cependant se flatter de pouvoir exécuter d'abord ce que la dernière nous a appris par la théorie. Les connaissances acquises par l'étude n'empêchent presque jamais un homme d'être neuf et maladroit dans la première pratique, à moins qu'il ne soit un génie.

on étudie sur les lieux les différentes propriétés du terrain, l'espèce d'offensive ou de défensive qui lui est propre : à l'aide de l'imagination on y place des troupes, on les range en bataille, on les ordonne, on les retranche, suivant les variétés dont ces opérations sont susceptibles. On suppose l'ennemi en présence, usant de tout l'art, de toutes les ressources que la science militaire lui offre, on lui oppose la défensive la plus capable de le déconcerter, on emploie des contre-ruses, des contre-manœuvres; voilà comme *Philopœmen*, qui mérita d'être appelé *le dernier des Grecs*, acquit toutes les connaissances de la guerre, le talent du local et des positions; ce fut par ces fréquents essais ou promenades militaires qu'il apprit à connaître les avantages ou désavantages des camps ou positions à prendre, tant dans son pays que dans celui de l'ennemi. C'est ainsi que *Xénophon*, dans son *Cyrus*, fait agir le héros qu'il veut former dans la science des armes; dans tous ses ouvrages, dans toutes ses parties de chasse, à chaque pas ce sont des problèmes militaires qu'il se propose, qu'il propose à ceux qui l'accompagnaient; pas un moment de perdu pour l'étude ou les progrès de la science. C'est ainsi qu'ont agi tous les grands hommes de l'antiquité. Le terrain est le grand et le seul livre de guerre; quiconque n'y sait pas lire doit se contenter du titre de ***brave soldat*** et ne pas prétendre à celui de général.

L'étude théorique de la guerre reconnue nécessaire, indispensable, examinons si le siècle a autant fait pour cet art que pour les autres sciences. Voyons si l'on en a assez lumineusement analysé les principes, pour en perfectionner le mode d'enseignement, en faciliter les éléments. Si les progrès devaient être proportionnés à la quantité de livres qui traitent de la science de la guerre, jamais siècle n'eût dû offrir un plus nombreux concours : mais à quoi bon pour les jeunes gens cette effervescence de littérature militaire? De quelle utilité pour eux toutes ces savantes productions? Aucun des auteurs ne s'est avisé d'approfondir assez cet art pour en déduire les éléments, les ramener, les assujettir à des chefs-parties assez frappantes pour en former un corps régulier, un ensemble harmonieux et suivi, en un mot donner une théorie appuyée sur des bases mathématiques aussi simples que solides, qui puissent servir de guides aux jeunes gens et les conduire à une application claire et facile des manœuvres élémentaires aux grandes opérations de la guerre. On m'objectera peut-être qu'il existe suffisamment de cours complets de science militaire, de livres élémentaires et didactiques, en un mot de sources utiles pour apprendre; à l'appui de cette assertion paraîtront les succès, les campagnes, les victoires des plus grands généraux qui, depuis le milieu du XVIIe siècle jusqu'à nos jours, ont illustré la carrière des armes et fait l'honneur de leur patrie et de leur temps; on me demandera où ils ont pris leurs talents, leurs connaissances? Je répondrai : rien n'est perdu pour le génie; *ingenium cui sit, cui mens divinior*. Tous les livres lui sont bons, il sait débrouiller, animer le chaos; mais ceux qui ont besoin d'un guide le trouvent-ils dans les nombreux auteurs qu'on m'allègue : ces auteurs ont-ils songé, pour l'instruction fondamentale, à déterminer, fixer irrévocablement les parties intégrantes de la science, à en faire voir la suite, la liaison, l'analogie, enfin en créer un système général; et si quelques auteurs l'ont tenté, les changements provenus dans la tactique n'ont-ils pas rendu nécessaire de refondre, de corriger leurs ouvrages; c'est ce qu'un aperçu rapide des principaux auteurs suffira pour résoudre. Je rends hommage au génie de *Puységur*, mais la plus grande partie de son ouvrage n'est plus utile. Les évolutions de l'infanterie, de la cavalerie ont changé; leurs précisions, leur vélocité, l'augmentation de l'artillerie dans les armées, ont apporté trop de différence dans les combinaisons et les calculs pour que ses principes soient encore admissibles. Ses réflexions sur la grande guerre sont lumineuses, son plan de campagne entre la Loire et la Seine est une manière on ne peut pas plus facile de démontrer, méthode qu'on a trop négligée et qui n'a pas eu assez d'imitateurs. C'est la seule partie de son ouvrage qui puisse encore être de quelque utilité, car le changement des armes ou de l'ordonnance ne saurait en apporter aucun à la théorie des grands principes. On me trouvera hardi de parler ainsi d'un des premiers écrivains militaires de la nation française, mais faut-il par habitude continuer de regarder comme de bons livres dogmatiques des ouvrages dont les principes sont pour la plupart devenus inutiles; pour encenser de froides cendres, faut-il trahir la vérité, propager l'erreur; en hasardant mes idées je n'en respecte pas moins ces auteurs; si ces hommes qui éclairèrent leurs siècles revenaient à la vie, loin d'être partisans de leurs fanatiques admirateurs, ils jetteraient les yeux sur la science qu'ils cultivèrent, et avec les lumières qui les entoureraient à leur réveil, ils feraient de nouvelles découvertes ou rectifieraient leurs idées.

M. de Feuquières est le second des modernes qui ait pensé à traiter méthodiquement les parties de la guerre, en examinant les faits et actions du règne de Louis XIV sur les préceptes; *M. de Puységur* a beaucoup mieux senti que *M. de Feuquières* combien l'exécution des grandes parties tenait à la tactique, et celle-ci à une théorie élémentaire. Non-seulement

M. de Feuquières ne paraît pas s'être aperçu de ce qui manquait à cet égard, mais il raisonne quelquefois, comme dit fort bien *M. Maizeroy*, d'après certaines maximes de routine qui n'étaient fondées que sur le défaut de principes dans l'ordonnance des troupes, dans leurs mouvements et dans la formation des ordres de bataille. Le *Marquis de Santa Cruz*, dans son recueil de réflexions politiques et militaires, à travers une foule de citations, d'exemples, de traits de morale, de leçons de politique, dit des choses utiles aux militaires; mais quelle patience avant de pouvoir rassembler ce qui a rapport à la science des armes, qui se trouve, pour ainsi dire, noyé au milieu de tant d'inutilités. *Gutschard* débrouille savamment plusieurs points d'antiquités militaires, mais la solution de ces problèmes n'occupe que l'esprit et n'influe en rien sur la connaissance des principes de l'art. *Guibert*, parmi les écrivains modernes, mérite une place honorable; le plan de son ouvrage bien pensé pouvait être très-utile, s'il l'eût suivi fidèlement et se fût écarté de toutes idées systématiques; mais, tout en déplorant la disette de bons livres militaires, la mauvaise route qu'ont suivie les auteurs nombreux qui l'ont précédé, il s'abandonne lui-même à des idées gigantesques et nouvelles, souvent inexécutables; partout l'homme d'esprit, mais prévenu, se montre aux dépens du général.

Il y a encore un grand nombre d'ouvrages dans toutes les langues, sous le titre de principes, cours, essais, réflexions sur l'art de la guerre, que les bornes de cet ouvrage m'obligent à passer sous silence, sans vouloir pour cela me dispenser de rendre hommage aux vues et aux intentions louables de leurs auteurs, qui n'ont pu éviter l'écueil du plus ou moins d'idées nouvelles; l'esprit de système les a presque tous égarés. *Folard*, dans son *Polybe*, ne voit que ses colonnes; *Maizeroy*, *Silva* ont chacun un ordre de bataille, une formation à eux, ils critiquent bien notre système militaire, mais toutes les corrections qu'ils proposent ne sont admissibles qu'au leur propre. Ces systèmes tour à tour détruits, ces controverses polémiques n'ont rien éclairci; au milieu de ces ouvrages, on trouve des idées, des vues utiles, de l'érudition, mais comment sans lumières, sans principes, y démêler le nombre de vérités qu'ils renferment; tout est toujours écrit pour des officiers qui ont déjà de l'expérience et des connaissances. On dirait qu'on a totalement oublié les jeunes gens, les commençants.

Cette disette d'introductions didactiques n'existe pas également dans les ouvrages de maximes. *César*, *Rohan*, *Montecuculli*, *Saxe*, en offriront dans tous les temps à qui saura les entendre; mais il faut remarquer que ces livres ne peuvent pas être mis entre les mains de tout le monde, qu'ils ne peuvent être médités que par des généraux déjà formés, ou des officiers propres à le devenir. La manière dont ces grands hommes ont écrit n'est point assez détaillée ; ils écrivaient pour se rendre compte à eux-mêmes plutôt que pour instruire : c'est ainsi que le génie écrit toutes les fois qu'il ne s'est pas formé le plan bien décidé d'enseigner. Il traite les objets comme il les a vus, c'est-à-dire rapidement, en planant sur eux ; il ne descend pas dans les détails, il supprime toutes les idées intermédiaires par lesquelles le commun des hommes marche avec effort d'une vérité à l'autre. Sans études préparatoires, sans principes préliminaires, ces ouvrages ne peuvent qu'être de peu d'utilité à la propagation des connaissances. Les vérités élémentaires de l'art de la guerre, bien approfondies, peuvent seules servir de clés aux réflexions et aux actions des grands hommes. Un autre genre d'ouvrages militaires que nous possédons en grand nombre, sont les mémoires contemporains, les histoires de guerre : les premiers sont fort utiles, surtout quand les auteurs, tels que *Xénophon*, *Polybe*, *Arrien*, etc., ont eux-mêmes plutôt fait que vu de grandes actions. Mais combien peu d'hommes, sans principes préliminaires, sont en état de démêler dans les faits les causes et les conséquences; combien peu d'hommes savent lire avec fruit! Les modernes qui ont entrepris d'écrire l'histoire des guerres et des généraux de l'antiquité, n'étant la plupart que des savants tout à fait étrangers à la nature même des opérations de la guerre, n'ont donné que des ouvrages d'agrément, sans utilité militaire. Combien peu sont instruits, combien peu sont faits pour des gens de guerre! Dans la plupart de ces histoires, je ne vois de certain, en fait d'événements militaires, que le nom des généraux et l'époque précise des batailles; ce sont les gazettes du temps plus ou moins éloquemment rédigées. On ne peut pas se plaindre de la même disette de bons livres de principes élémentaires sur chaque partie séparée de la science des armes. Il en est un grand nombre d'excellents sur l'artillerie, la cavalerie, l'infanterie; mais chaque ouvrage, traitant d'une partie séparée, l'isole pour ainsi dire; chaque auteur élève la partie qu'il traite au-dessus de toutes les autres, il faut tout lire, tout comparer, tout rapprocher, n'être rebuté ni du nombre des volumes, ni d'un travail assidu, pour se former un ensemble de science militaire. Car la plus vaste bibliothèque, sur ces objets, n'offre que les parties d'une grande chaîne, dont les chaînons ne sont point unis. D'ailleurs la plupart des auteurs ne parlent souvent des vrais principes des diverses parties qu'ils traitent que très-sommairement; souvent même ils les défigurent, les altèrent pour les mieux adapter à leurs systèmes, en faire des espèces de preuves à leurs hypothèses; dès lors ce ne sont plus les résultats de l'expérience, les principes posés par les grands maîtres; ce sont les fruits plus ou moins ingénieux de l'esprit des auteurs qui, à raison d'un style agréable, séduisent leurs lecteurs, les écartent du but et ont causé, dans la pratique, des fautes qui souvent exposent les empires, mais plus souvent encore affligent l'humanité. A tous ces défauts s'en joint un autre très-réel, à la correction duquel l'intérêt des gouvernements semblerait devoir apporter tous leurs soins : c'est la *cherté des livres militaires*, qui ne permet point aux jeunes officiers d'en acheter la quantité suffisante pour en avoir la collection complète, nécessaire à celui qui voudrait s'en former un ensemble, en réunissant les meilleurs ouvrages élémentaires écrits sur chaque partie.

Pourquoi le développement du talent doit-il dépendre des hasards de la fortune? Pourquoi l'homme, né avec des dispositions, doit-il les voir étouffer sous le poids des détails minutieux d'un peloton ou d'une compagnie? Pourquoi doit-il renoncer à une étude qui développerait ses moyens, ou au moins les conduisant à maturité, en ferait un officier distingué? Sa famille n'est pas riche, ses moyens ne sont pas suffisants ! Il faut que faute de substance ses dispositions s'endorment, que ses facultés se perdent faute d'habitude et d'exercices. Une *Bibliothèque complète de livres militaires* dans la caserne même, à la disposition des jeunes officiers, serait un des établissements les plus utiles, surtout si l'on y joignait un homme entendu, que ses services, ses connaissances rendraient recommandable, qui, à la tête de cet établissement, en serait comme le régulateur, présiderait au choix des lectures, empêcherait les jeunes gens d'être séduits par le style, l'élégance des auteurs, leur montrerait combien il est dangereux pour soi-même, préjudiciable pour le service à venir de sa patrie, de se laisser emporter à son imagination dans un art qui, pour ainsi dire, n'offre, depuis ses plus petites parties jusqu'aux plus grandes opérations, qu'un enchaînement de vérités mathématiques auxquelles tout se rapporte. Après quelques mois d'études préparatoires, pour connaître le mécanisme et les mouvements particuliers des diverses armes ou forces motrices qui composent une armée, on analyserait les campagnes des généraux les plus célèbres, tant de l'antiquité que des temps modernes; la carte à la main on suivrait leurs marches, leurs manœuvres, on en discuterait l'utilité, on chercherait si, avec ces mêmes données, tel ou tel mouvement n'eût pas été plus avantageux; cette analyse conduirait à l'étude en grand des plans de campagnes. Le chef de l'établissement, choisissant alternativement deux jeunes gens parmi les plus zélés, leur donnerait sur une carte telle province, telle frontière, l'un à défendre, l'autre à attaquer, déterminerait la force des armées respectives; chacun par écrit détaillerait ses précautions préparatoires, ses mouvements, contre-mouvements, selon tous les cas et les suppositions qui sont à prévoir. A ces études théoriques on en joindrait de pratiques, c'est-à-dire que, quand les jeunes gens seraient suffisamment préparés, on les conduirait sur le terrain pour y donner plus de force aux démonstrations, et le chef, supposant l'armée ennemie dans telle ou telle position, avec tel ou tel projet, prendrait un officier au hasard et lui ferait former sur-le-champ un ordre de bataille, prendre sur le terrain une position susceptible de déjouer l'ennemi et de s'opposer à ses desseins.

On sent facilement combien des études ainsi dirigées pourraient former, créer même des officiers, mais les frais d'un pareil établissement le rendent impossible, et avec la meilleure volonté les souverains et chefs des empires, vu la grandeur presque partout disproportionnée des armées, ne pourraient y subvenir, et quelque séduisant que pût être ce projet, il faut y renoncer[1].

Le but de l'ouvrage que je propose est de remédier à tous ces inconvénients et d'offrir, sous le format le moins volumineux et au prix le plus modique, une introduction à l'étude de la science militaire, dans tout son enchaînement, depuis ses premiers principes jusqu'à ses plus grands résultats, de mettre à même le jeune homme de bonne volonté de s'instruire seul, de prendre des connaissances exactes sur le jeu des diverses armes, leur fort, leur faible, leur manière la

1. Un des établissements utiles que j'ai vus, et qui se rapprochait le plus de mon plan, étaient les écoles d'instruction que M. le *baron de Salis* avait établies à Naples, lorsqu'il fut appelé pour poser les fondements d'instruction pour les troupes napolitaines. Une ou deux fois par semaine les officiers se rassemblaient chez un des chefs du régiment (ordinairement le major) qui, avec de petits billots de bois mesurés géométriquement, afin de représenter exactement la profondeur et l'étendue d'une troupe, expliquait les manœuvres d'un régiment, en un mot d'une troupe de plus ou moins de bataillons. Le major interpellait tel officier et lui demandait la solution d'un problème militaire ; p. ex. si le régiment est dans telle position, que l'ennemi se montre inopinément sur tel point, que vous vouliez l'attaquer, de quelle manière marcherez-vous à lui avec le plus d'ordre et de promptitude ? De quelle manière, s'il était supérieur, se retirer avec sûreté ou prendre une nouvelle position défensive, avantageuse avec telles ou telles conditions supposées au terrain? L'officier auprès de la table répondait aux questions du major, et faisait mouvoir les pièces de bois pour indiquer les mouvements intérieurs des bataillons. *M. de Rosenheim*, mon ami, actuellement inspecteur général des troupes napolitaines, alors major d'un régiment, se distinguait par sa clarté, la précision de ses instructions. Avec quel empressement je saisis cette occasion de rendre hommage à des talents qui ont été mes premiers guides.

plus efficace de se protéger, de s'attaquer et de se nuire avec avantage; en un mot de *former un officier de toutes les armes*, sans laquelle connaissance il est impossible d'être un bon officier et de devenir jamais un général.

II.

MÉMOIRE

SUR LA GÉOGRAPHIE ET LA TOPOGRAPHIE MILITAIRES.

---

§ I.

Géographie.

Par ce mot je n'entends pas simplement cette connaissance sèche et aride de noms propres des provinces, villes et forteresses qui constituent les divers empires, des fleuves et rivières qui les arrosent ou les séparent : cette nomenclature, que l'habitude place mécaniquement dans la mémoire, n'est qu'une introduction d'une étude plus vraie qui appartient tout entière à la réflexion : par géographie j'entends une connaissance approfondie des pays, sous le point de vue de leur gouvernement, de leur génie national, des mœurs, population, agriculture, commerce intérieur et extérieur, enfin de leurs finances ; en un mot je considère l'étendue topographique du pays que l'on étudie, simplement comme la masse, la réunion des diverses combinaisons indiquées ci-dessus, comme le levier ou la force motrice, dont la puissance doit être indispensablement connue pour calculer soit le degré d'impulsion, soit celui de résistance.

Quelques détails sur les rapports nécessaires qu'ont ces connaissances avec l'art de la guerre suffiront pour convaincre de leur utilité indispensable.

La *constitution militaire* d'un pays, *les ressources* qu'elle tire tant de la *population* de son territoire que de ses *moyens pécuniaires*, sont des objets dignes d'une très-grande attention. Ils font connaître la véritable force des empires bien plus que le nombre de villes qu'ils possèdent ou la quantité de degrés qu'ils occupent sur la carte, et influent nécessairement autant sur les relations politiques de sa patrie avec ce pays pendant la paix que sur le choix des moyens d'attaque à employer en cas de rupture; en un mot, c'est d'après leur étude seule que l'on peut sagement décider une guerre, dont elle permet de calculer la durée et les probabilités.

L'histoire naturelle, le climat, les aliments du peu

ple, sont de nouveaux aspects indispensables sous lesquels il faut considérer le pays que l'on étudie, puisque les qualités physiques et morales des habitants dépendent de ces causes. Le peuple des plaines et des pays riches est en général mou, peu propre à la guerre. La moindre fatigue le rebute; il est sujet aux maladies, consomme plus d'aliments, et est moins agile que les habitants des montagnes, qui valent infiniment mieux à tous égards par la seule différence d'éducation qu'apporte le sol.

Les habitants des grandes villes sont pires encore que ceux des pays plats et fertiles dont j'ai parlé; ils sont énervés par la longue habitude des vices et de leurs conséquences, incapables de supporter la fatigue et de plus trop raisonneurs pour faire des soldats vigoureux et obéissants. Ces observations faisant connaître la qualité des troupes contre lesquelles on doit agir, contribuent beaucoup à déterminer la manière d'opérer ou de manœuvrer contre elles. L'espèce, la qualité des productions, le sol, le climat concourent à fixer l'instant des opérations, celui de l'ouverture de la campagne, et servent conséquemment à faire une juste répartition des diverses armes dont l'armée doit être composée, à déterminer le but possible de la campagne, but où l'on doit tendre d'après le plus ou moins de temps que l'on a devant soi jusqu'aux quartiers d'hiver.

La forme du gouvernement doit ensuite être étudiée avec d'autant plus de soin que les institutions politiques n'ont pas moins d'influence sur le caractère des hommes que les causes physiques et naturelles [1].

Ces principes pris dans l'ordre physique et moral sont les éléments qui composent le caractère national, qui est l'âme de tout l'ensemble. C'est ici que l'on doit redoubler d'efforts et de soins pour arriver à la certitude des résultats et éviter les erreurs. L'exemple de la dernière guerre contre la France démontre combien le défaut de calcul peut entraîner de revers. On avait négligé l'étude de cette nation sous le point de vue de ses forces morales. Les succès de la campagne de 1787 contre les Hollandais avaient séduit, on jugeait de l'énergie des Français par celle de ces républicains qui avaient éteint l'héroïsme de leurs ancêtres par plusieurs siècles de commerce [2] et on oubliait que *l'amour de la célébrité* était une des bases du caractère de la nation française, qu'en sachant l'enflammer on pourrait l'exalter jusqu'au fanatisme et que le gouvernement qui

1. La manière vraiment éloquente dont *Lloyd* a traité, dans ses mémoires, l'influence des institutions politiques sur le caractère des nations, ne peut être lue avec trop d'attention et doit servir de guide à tout homme qui voudra étudier avec fruit les diverses nations.

2. Qu'on lise dans *Lloyd* et autres bons auteurs, on se convaincra combien l'esprit mercantile est contraire au patriotisme et à l'énergie.

saurait s'en servir parviendrait aux résultats les plus étonnants[1].

Cet oubli a produit les plus mauvais effets. Allant à des succès crus certains (la résistance n'ayant pas été calculée), on a été surpris; la surprise a emmené des fausses démarches qui ont été suivies de revers, — l'orgueil de la coalition a voulu se venger par des propos, des bulletins, des détails injurieux, qui tous tendaient à exalter d'autant plus la nation française qu'en blessant son amour-propre on la contraignait à vaincre; et quand les gouvernements, qui se sont succédés en France pendant la guerre, n'auraient pas eu le talent nécessaire pour exalter les esprits, la conduite de leurs ennemis leur aurait prêté des secours efficaces[2].

Le seul moyen de connaître comme il faut le caractère national est dans la lecture approfondie de l'his-

1. On a vu les bataillons de milice nationale de Paris et autres grandes villes, composée de jeunes gens riches, accoutumés aux plaisirs, élevés dans la mollesse, se couvrir de gloire et soutenir les fatigues et les désagréments des campagnes avec un courage au-dessus de tout éloge. Des femmes et des enfants ont fait assaut de valeur et de patience avec les soldats les plus aguerris.

2. La conduite de la coalition a été tellement contraire à l'esprit national que, tandis que les fureurs du terrorisme, la famine, la guerre civile dévastaient l'intérieur de la France, les armées sur les frontières donnaient le spectacle de la réunion de tous les partis, oubliant leurs haines et même leurs justes vengeances, pour se rappeler *qu'ils étaient Français*, et repousser à force d'héroïsme les inculpations de leurs ennemis.

toire. C'est le livre de l'expérience. Les passions des hommes sont toujours les mêmes, la différence des temps et des mœurs peut seule apporter quelques changements dans les moyens de produire les mêmes effets [1].

Il n'est pas nécessaire de pousser plus loin l'examen de ces détails pour faire sentir combien leur combinaison doit influer sur la politique de la guerre, et combien l'oubli ou l'altération de ces principes peut et doit être préjudiciable.

Il me reste à indiquer la manière de *procéder à cette étude* pour éviter de perdre un temps précieux dans un travail trop immense, si l'on voulait approfondir également et avec le même soin tous les Etats de l'Europe.

Il faut commencer par prendre en gros une connaissance particulière de chaque pays sous les points de vue que j'ai indiqués ; ensuite il faut les considérer relativement à sa propre patrie, et c'est dans leur

1. Le fanatisme de croisades, l'énergie des Français à soutenir leurs rois et défendre leur patrie chancelante pendant ces longues années de guerre où les Anglais étaient maîtres de la plus grande partie des provinces de la France, la barbarie des guerres de religion, l'opiniâtreté de la Ligue, la constance de la nation pendant les 13 années de revers de la fin du règne de Louis XIV étaient bien des exemples suffisants pour faire connaître les Français et s'applaudir de leur sommeil qui tenait à la faiblesse de l'ancien gouvernement, et prévoir que le réveil en serait plus violent en proportion des résistances.

connexion avec elle, qu'il faut les examiner; les puissances qu'aucun rapport ne peut lier à elle ont peu de droits à l'étude; on se contente de connaître le résultat de leurs puissances, et ce qu'elle apporte de poids et d'intérêt dans la balance politique de l'Europe, par rapport aux États qu'elles avoisinent et qui peuvent nous intéresser. Les nations que des rapports, quels qu'ils soient, peuvent lier à leur patrie, doivent arrêter plus longtemps, il faut peser leurs intérêts, leurs moyens, leurs vertus, leurs vices mêmes, en un mot tout ce qui peut déterminer la politique de son pays à leur égard. Dans le tableau d'étude que l'on doit se tracer, sa patrie doit toujours être le sujet dominant; les États qui l'intéressent, comme ennemis ou comme alliés, seront les figures secondaires développées avec plus ou moins de soin, suivant les degrés du rapport qui les tient à l'objet principal. Les autres États seront, si je puis m'exprimer ainsi, les figures accessoires et lointaines du tableau.

Telle est la manière dont, dans les écoles publiques, on devrait faire étudier la géographie. Cette science alors ne serait plus la science des mots, mais *celle des hommes et des choses.* C'est alors que l'on formerait des citoyens utiles, des ministres, et des généraux éclairés, qui, dans le calcul des guerres et des traités de paix, ne perdraient jamais de vue les vrais principes d'intérêt et de politique nationale. Les guerres seraient moins légèrement entreprises, mais plus sagement conduites; les paix seraient plus solidement basées, et ne seraient pas, pour la plupart, de simples trêves.

La nature a tracé, par des mers, des fleuves, des chaînes de montagnes, d'immenses forêts et de vastes déserts, les *limites des nations*. Tant que le hasard ou la fortune dessineront autrement la barrière des différentes puissances, la paix n'aura pas de bases certaines. Il faut donc que la politique ou la guerre fasse rentrer ces possessions précaires et momentanées à leurs possesseurs naturels.

La *science des limites* et *des frontières* doit être basée sur la géographie physique autant que sur l'expérience des événements qu'a occasionnés l'ambition des souverains ou la réclamation de leurs droits de successions. Il est à présumer que *Henri IV*, qui avait conçu l'idée magnanime de faire de l'Europe le séjour d'une paix durable, avait fait entrer, dans ce sublime projet de Ligue universelle contre l'ambition des conquérants, la démarcation physique des États. Les historiens assurent que, si ce prince eût vécu plus longtemps, il serait parvenu à cet état de choses pour lequel il avait déjà négocié avec succès.

Si l'on considère avec attention la manière dont

l'Europe est partagée par les puissances qui gouvernent ses peuples, on reconnaîtra dans les défauts de la limitation des États le prétexte des guerres passées et de celles qui, à l'avenir, désoleront les citoyens de tous les pays.

Telle puissance a des possessions isolées et enclavées dans d'autres États ; il en est même qui possèdent une place très-forte sur la frontière ou sur la côte maritime d'une autre puissance. Tel souverain a ses possessions dispersées ou étendues sur une grande longueur, et sur une très-petite largeur ; quelques États s'enfoncent très-avant dans un état voisin et y forment comme une presqu'île. Quelques autres sont si resserrés vers le milieu de leur étendue que l'une ou l'autre de leurs parties peut se trouver à la merci de l'ennemi, sans pouvoir être secourue ; quelques empires sont d'une si grande étendue et leurs capitales ou les points d'où l'on doit partir pour opérer sont si éloignés des frontières qu'on ne peut atteindre l'ennemi que quand il a pénétré fort avant dans le pays : quelques républiques sont si petites qu'il semble qu'en moins de huit jours elles pourraient être entièrement envahies ; quelques Etats enfin, comme la France et l'Espagne, sont d'une étendue assez proportionnée à la vitesse que les hommes peuvent employer pour rendre vaines ou du moins très-difficiles les entreprises que les voisins pourraient former contre eux.

On sait qu'à la fin de chaque guerre les traités établissent de nouvelles barrières, et mettent sous les lois de la puissance dominante des hommes dont le caractère, les mœurs, les opinions politiques et religieuses n'ont aucune affinité avec ceux des peuples dont ils vont devenir partie intégrante. En agissant ainsi, chaque borne qu'on plante devient un étendart de discorde, et la paix, que les peuples désirent, n'est qu'une trêve durant laquelle chaque puissance prépare de nouveaux moyens de défense ou d'attaque.

C'est assez faire connaître l'inconvenance de ces partages sous le rapport de l'opposition qu'ils apportent au bonheur général des nations. De plus longs détails sortiraient des bornes que je me suis prescrites.

§ II.

Topographie.

Si la connaissance de l'ensemble des qualités morales et physiques d'un royaume, que j'ai compris sous le nom de *géographie*, est indispensable pour déterminer politiquement et militairement le plan d'une guerre, la *topographie*, ou *science du local*[1], est absolu-

1. De τοπος, γραφειν.

ment nécessaire pour servir de bases aux projets d'opérations; car il ne suffit pas d'avoir une notion générale d'un pays, il faut être instruit à fond de l'état de la province que l'on veut attaquer ; surtout de ces particularités qui sont si intimement liées avec les opérations militaires; telles que les rivières, leurs sources, leur cours; va-t-il à l'ennemi? en vient-il? Leur largeur, leur profondeur, leur pente, leurs sinuosités, leurs gués, leurs ponts, etc. Si le pays est montagneux; il faut connaître les chaînes principales, les embranchements des vallées, les défilés, etc.; en un mot les bois, bosquets, les forteresses, les villes sont des objets d'études. Surtout les villes ou bourgs par lesquels passent les grandes routes ; car ce sont autant de défilés, d'où l'on peut arrêter l'ennemi ou déboucher sur lui.

Il y a deux espèces bien distinctes de *topographie*. J'appellerai la première *grande topographie* ou *topographie théorique*, pour la distinguer de la seconde, que je nomme *pratique* ou d'*exécution*.

La *grande topographie*, dont nous nous occuperons uniquement ici, sert, par une étude soignée des meilleures cartes d'un empire, à déterminer le point frontière de cet empire, dont les localités offrent le plus de facilités à l'offensive, conséquemment à fixer le point d'attaque et la ligne d'opération; c'est-à-dire le point d'où l'on doit partir avec l'armée, le but où l'on doit tendre et la direction générale des marches pour y parvenir. C'est, pour ainsi dire, le cadre où les masses sont simplement indiquées, laissant à la *topographie d'exécution* le soin des détails intermédiaires et journaliers qui se présentent à chaque pas que fait l'armée, et qu'une reconnaissance faite sur les lieux peut seule rectifier. Car quelque parfaites que soient les cartes, quelque exacts que soient les mémoires et les renseignements, on sent combien ces indications seraient défectueuses sur le terrain, où les circonstances locales changent ou sont dénaturées tous les vingt-cinq ans. D'ailleurs à combien d'erreurs ne s'exposerait pas celui qui, de son cabinet, prétendrait donner les détails particuliers des camps et positions que l'on doit prendre, sans penser aux modifications que les localités et les mouvements de l'ennemi doivent nécessairement y apporter.

Il y a deux aspects différents et également importants sous lesquels la *topographique théorique* doit considérer les frontières d'un empire. Le premier est sous leurs forces absolues, le second sous leurs forces relatives.

La force absolue des frontières consiste dans les avantages naturels que les pays qui les forment présentent à l'armée qui doit les défendre, et par conséquent dans les obstacles que l'ennemi trouve à son approche. Il y en a de bien des sortes. Ce sont des montagnes, des fleuves, des bois, des défilés; le genre de culture d'un pays et la mesure de sa fertilité entrent aussi pour beaucoup dans la considération des obstacles ou des facilités.

La force relative des frontières dépend de la longueur des différentes lignes d'opérations sur lesquelles chaque puissance peut agir offensivement contre elle, de la direction de ces lignes, du nombre et de la qualité des routes et des chemins sur lesquels on peut former cette ligne, ainsi que de la situation des principaux dépôts qui peuvent alimenter les armées.

Il faut encore observer que la force relative des frontières dépend aussi de la possibilité d'établir la ligne d'opérations vers un plus grand nombre de points. Car si l'ennemi ne peut se présenter que par une issue, et que l'on puisse s'opposer à lui par plusieurs, à longueur égale de lignes d'opérations, on aura encore l'avantage, surtout si les pays que l'on défend offrent un certain nombre de positions d'où l'on puisse inquiéter les communications de l'ennemi.

C'est sur ces principes qu'on doit former le plan de ses opérations, c'est-à-dire l'esquisse de l'ensemble du plan de campagne et le tracé des directions générales à suivre pour arriver au but proposé. — C'est d'après les connaissances seules qu'on peut déterminer le nombre et l'espèce de troupes dont l'armée doit être composée, et conséquemment la quantité et la qualité des magasins, les lieux où l'on doit les rassembler. Tout plan qui ne serait point établi sur ces principes tromperait son auteur dans l'exécution. Toutes les grandes et importantes parties de la guerre dépendent donc absolument de la connaissance du pays, et un général prudent y mettra plus de confiance qu'au destin aveugle des batailles. En possédant toutes ces connaissances, on peut presque fixer toutes ses opérations avec une précision géométrique et faire la guerre sans être obligé de combattre.

Pour mieux faire sentir la manière d'établir cette double distinction des frontières, guidé par *Lloyd* et quelques autres auteurs recommandables, je vais analyser, sous ce double point de vue, une portion des frontières de la France. L'ancienne frontière de la France, du côté de l'Allemagne, commence à Bâle en Suisse et s'avance jusqu'à *Landau*. Cet espace comprend 45 lieues d'étendue. — Cette partie est couverte par le Rhin, sur lequel sont les villes d'*Huningue*, *Neuf-Brisack*, *Strasbourg*, *Fort-Louis* ou *Vauban* et *Landau* à peu de distance en arrière de ses rives.

Ces places, extrêmement fortes, donnent des débouchés faciles sur ce fleuve. En arrière il court une chaîne de montagnes qui sépare l'Alsace de la Lorraine et de la Franche-Comté. La distance de ces montagnes au fleuve est depuis 3 jusqu'à 5 lieues. Une armée campée près de Strasbourg, couverte par le Rhin et la place, empêcherait facilement l'ennemi de passer la rivière ou au moins de tenter aucun siége, aucune entreprise considérable, et, à moins d'enlever toutes les places, il serait impossible à l'ennemi de séparer son armée et de prendre ses quartiers d'hiver en Alsace, tant que les Français auraient des forces campées ou cantonnées dans les montagnes; aussi dit *Llyod*, je ne saurais assez m'étonner que les Autrichiens aient jamais fait quelques tentatives de ce côté-là, encore plus que la France en ait pris l'alarme. Pour moi je suis bien sûr qu'un général habile qui commanderait 30 ou 40 000 hommes, bien loin d'être fâché de voir approcher l'ennemi ou de vouloir s'opposer à son passage sur le Rhin, désirerait le voir s'enfermer lui-même entre le fleuve, les montagnes et les places de guerre, bien certain de l'empêcher de repasser ou de lui faire acheter la retraite d'une partie de l'armée par le sacrifice de l'autre.

Passons maintenant à l'examen des forces relatives de cette frontière. La maison d'Autriche étant la seule puissance d'Allemagne dont les forces peuvent se mesurer de ce côté avec la France, il suffira de se borner à calculer les efforts que les Autrichiens pourraient tenter.

Vienne est le point central dont les Autrichiens doivent partir. La distance entre les frontières les plus avancées des États héréditaires et l'Alsace, et les bords du Rhin, est au-delà de 120 lieues : ce qui donne déjà aux armées françaises une supériorité décidée. Car les Français, agissant sur le Rhin, ont leurs dépôts sur les lieux, et n'auront peut-être pas 6 ou 7 lieues de chemin à faire dans toute une campagne; de sorte que les dépenses de l'entretien de cette armée seront peu à charge à l'État; au lieu qu'une armée qui agit sur une ligne de plus de 100 lieues exige des trains prodigieux d'artillerie et de vivres, des équipages énormes, des frais qui épuiseraient la nation la plus riche; car, à mesure qu'on avance, les difficultés des dépôts pour une aussi grande quantité de chevaux retardent les mouvements et finissent par les arrêter tout à fait. De plus, une telle armée ne peut entrer en campagne que tard, et si elle ne parvient pas par une victoire décisive à se procurer une assez grande étendue de pays dans le territoire ennemi, pour y prendre ses quartiers d'hiver, elle sera bientôt obligée de se retirer, et l'ennemi, abondamment pourvu de tout, près de ses magasins et sur son terrain, pourra la poursuivre dans sa retraite et rendre ses efforts à venir encore plus infructueux.

Jusqu'ici ce que l'on vient de dire n'a rapport qu'aux obstacles qui résultent de la longueur de la ligne d'opération des Autrichiens, il faut ensuite examiner ceux qui tiennent à la nature du pays par lequel passeraient toutes les lignes de cette espèce qui conduisent au Rhin.

Il y a en Allemagne, et parallèlement au cours du Rhin, à la distance depuis 3 jusqu'à 15 lieues, une chaîne de très-hautes montagnes : cette chaîne va depuis la Suisse jusqu'à Heidelberg sur le Necker et de là jusqu'au Mein : une seule grande route traverse cette première chaîne, et conduit du Rhin au Danube. Elle va par Stuttgard, capitale du duché de Wurtemberg, et de long du Necker, jusqu'à Ulm. On ne sort de ce défilé que pour entrer dans un autre, dans un espace de plus de 15 à 20 lieues de longueur; conséquemment le pays offre une multitude de positions où de petits corps peuvent arrêter de nombreuses armées.

Une seconde route mène de Francfort-sur-le-Mein à Wurtzbourg, Nurnberg, Ratisbonne sur le Danube, et n'est pas moins difficile que la première. Les Autrichiens ne peuvent guère s'approcher du Rhin que par l'une ou par l'autre. S'ils prennent la première, les Français peuvent passer le Rhin, les prévenir dans les défilés de Wurtemberg, y prendre une position, les arrêter, et, sans de trop grands succès, les repousser jusque dans la Bavière : s'ils veulent suivre l'autre, en se portant sur la rive gauche, les Français leur défendront facilement le passage du fleuve en manœuvrant devant eux; et, par leurs places du Haut-Rhin, les menaceront d'une irruption en Souabe, inquièteront leurs communications : tels étaient, avant la guerre de 1792, les avantages de cette frontière de la France considérée sous ces deux points de vue.

Mais depuis la fin de la guerre commencée en 1792, suspendue par le traité de Campo-Formio, et terminée par celui de Lunéville, il est devenu absolument impossible aux Autrichiens de rien entreprendre de ce côté contre la France.

La force absolue et relative de cette frontière la rendent inattaquable. La possession de Mayence et de la rive gauche du Rhin donne un tel avantage aux Français que, quelque soit le point que les Autrichiens voulussent attaquer sur cette ligne, les Français peuvent toujours, par de petits mouvements, accélérés par la proximité de leurs entrepôts, passer le Rhin et se poster sur un des flancs de l'armée attaquante. La Suisse, devenue alliée, ou pour mieux dire vassale de la France, a donné le dernier degré de puissance et de force à toute cette partie des frontières de la république. En cas de guerre entre ces deux puissances, l'Autriche ne peut plus en Allemagne penser qu'à la défensive et à prendre des positions sur le Lech, l'Iser, ou plus avant en Souabe, pour éloigner, autant que possible, la guerre de ses frontières.

Quand même elle préviendrait la France dans son agression, et qu'elle s'emparerait des débouchés de la Suisse dans les Grisons et le Voralberg, il serait fort douteux que les armées autrichiennes pussent s'y maintenir. Les Français de Strasbourg pouvant se porter avec rapidité par le Wurtemberg sur Ulm, inquiéter leurs flancs, leurs communications, enlever leurs entrepôts, et par Mayence, Wurzbourg, faire une diversion et menacer les frontières de la Bohême[1]. Outre l'armée agissante il faudrait encore à l'Autriche deux très-fortes armées portées entre le Necker et le Mein, le Necker et le Danube, pour s'opposer aux progrès des Français qui voudraient, passant le Rhin, s'avancer

1. Pour ne pas m'engager dans de trop longs détails, je passe sous silence les efforts efficaces que les Français pourraient faire par la Valteline et l'Italie. — Pour mieux faire connaître au lecteur quel degrés de force a reçu le système de guerre de la République française par l'occupation de la Suisse, je ne puis trop l'engager à étudier un ouvrage intitulé : *Campagne de* 1800; l'auteur y démontre d'une manière lumineuse l'importance militaire de ce pays : l'analyse des mouvements qu'ont fait les deux armées dans cette campagne, et l'indication de ceux qu'elles auraient pu faire, annoncent un véritable talent. Je n'ai lu ce livre que pendant que ce premier volume était déjà à l'impression,

pour faire des diversions, et conséquemment assurer l'offensive de leur première armée, qui, ayant saisi les passages de la Suisse, chercherait à y pénétrer pour s'avancer sur les frontières de la Bourgogne et de la Franche-Comté. L'expérience a démontré combien de sang et de temps ont coûté en pure perte les tentatives des armées austro-russes contre une armée inférieure dans un pays de positions perpétuelles. — Je ne parlerai point de la force des frontières de la France relativement à toute attaque de l'Autriche du côté du Bas-Rhin. Il est facile, à la simple inspection des cartes, de voir combien un pareil plan de campagne serait impraticable. Telle est la manière de détailler la frontière d'une province. Les jeunes gens ne peuvent trop s'appliquer à se former des cahiers ou extraits de toutes les frontières des pays de l'Europe, considérées tant en elles-mêmes que relativement à leur patrie. Avec de la bonne volonté et du temps, il est facile de parvenir à ce but. De bonnes cartes à la main,

mais j'ai été si heureux d'avoir pu, malgré mon inexpérience, apercevoir quelques-unes des vérités si bien saisies par l'auteur, que je n'ai pas voulu laisser sortir mon ouvrage de la presse sans lui rendre le juste tribut d'hommages que l'on doit au talent. Ce livre, ainsi que le nouveau système de guerre du même auteur, aurait occasionné une révolution aussi utile que nécessaire dans la science militaire; si *M. de B...* avait daigné, avec l'indulgence du mérite, convaincre au lieu de vouloir contraindre, le seul reproche qu'il y aurait, selon moi, à faire à cet ouvrage, serait sur le style, dont la lacerticité, quoique très-amusante, ne convient pas à la dignité du sujet.

il faut lire avec attention les campagnes de *Gustave-Adolphe* en 1630, 31, 32; du duc *de Rohan* dans la Valteline, 1636; *Luxembourg* en Hollande, 1672; *Créqui* en Lorraine et Alsace, 1677; *Luxembourg* en Flandre et les Pays-Bas de 1690 à 1694; *Villars* en Allemagne, 1703; *Tallard* en Allemagne, 1703; *Marsin* 1703, 1704; *Maillebois* en Westphalie 1741, 1742; *Belle-Isle* en Bohême, 1742, 1743; *Coigny* en Allemagne, 1743, 1744; *Saint-Simon*, campagne du prince *de Conti* dans les Alpes, 1744; *Saye* dans les Pays-Bas et la Flandre hollandaise jusqu'à la paix de 1748; les campagnes de *Malborough*, du prince *Eugène*; les Mémoires de *Turenne*, de *Berwick*, de *Condé*, de *Noailles*; les lettres des généraux de *Louis XIV* pour servir à son histoire militaire; *Feuquières* pour le tableau topographique et militaire des guerres de *Louis XIV*; les campagnes du grand *Frédéric* et de son illustre frère le prince *Henry*; celles du prince *Ferdinand* en Hesse. Le grand ouvrage du général *de Tempelhoff* sur la guerre de sept ans offre une source inépuisable de connaissances à acquérir. On ne peut trop le méditer, pour connaître, comme il faut, une époque aussi importante pour l'art militaire. Les campagnes des généraux français dans les diverses parties de l'Europe où ils ont porté la gloire de leurs armes achèveront de fixer et d'arrêter les éléments de cette étude. *Lloyd* peut servir de guide pour la manière de classer ses observations. Son examen général des frontières des divers États de l'Europe était on ne peut pas plus instructif avant la guerre de la révolution française, mais les changements survenus dans les divers pays de l'Europe depuis 1789 rendent nécessaire de former un nouveau tableau de leurs frontières respectives. Le partage de la Pologne par les trois puissances, la conquête des Pays-Bas et de la rive gauche du Rhin par les Français, en Italie, l'expulsion de la maison d'Autriche en deçà de l'Adige, l'incorporation probable des Ligues grises et Grisons avec la République helvétique, etc., tous ces changements donnent lieu à des nouvelles combinaisons[1].

J'appelle *topographie d'exécution* la connaissance exacte et détaillée du terrain sur lequel agit et doit agir l'armée. Si la topographie théorique, embrassant l'ensemble de la frontière, sert à décider ou mieux déterminer le but auquel doit mener le résultat de la campagne, la *topographie pratique* s'en tient à la disposition des mouvements journaliers que doit faire l'armée pour concourir au grand résultat. C'est par elle et avec elle que l'on trace les marches, décide

1. Les trois places bâties en Bohême par les Autrichiens, les dédommagements que la Prusse doit recevoir en Allemagne, suivant leur situation, changeront peut-être absolument le théâtre de la guerre entre la Prusse et l'Autriche.

les camps, les positions à prendre. Toutes les manœuvres de l'armée lui sont subordonnées; la connaissance du terrain étant le grand et seul livre de guerre, et toute manœuvre qui n'est pas fondée sur sa convenance étant absurde.

A en juger par tous les détails militaires qui nous restent des anciens, la *topographie pratique* ou la *science de la connaissance du terrain* devait être pour eux moins importante que pour nous; leurs ordres de batailles, plus profonds, plus *raccourcis* que les nôtres, n'avaient pas besoin de positions d'un aussi grand développement. Il semble que leurs combats se donnaient toujours dans des plaines et que les armées recherchaient cette espèce de terrain par préférence. Toute la ressource des troupes était dans elles-mêmes, et l'ordre serré de la phalange et de la légion était toujours uniforme. La disposition de leurs armées pour le combat, presque toujours symétrique, l'infanterie au centre, la cavalerie sur les ailes. — Jusqu'à la seconde guerre punique, on ne voit nulle part la tactique romaine avoir quelque relation avec la connaissance topographique du terrain. *Fabius*[1] fut le premier qui commença à mettre à profit la nature du pays, pour s'opposer aux succès d'*Annibal*. Ses imprudents prédécesseurs s'étaient fait battre dans les

1. Surnommé *Cunctator*.

plaines. Il sentit qu'il était trop inférieur en tactique à son adversaire pour s'y compromettre. Il chercha les hauteurs, prit des positions, fit une guerre de mouvements, évita les combats : sa conduite sauva Rome; mais elle y trouva des censeurs, tant les principes de ce superbe genre de guerre, qui est le seul grand, étaient inconnus aux Romains accoutumés à combattre plutôt qu'à faire la guerre. Depuis cette époque, l'histoire nous fait voir les grands généraux consultant la nature du terrain dans le choix de leurs camps. Les détails topographiques perdirent de nouveau de leur importance dans ces siècles d'ignorance et de barbarie qui succédèrent aux beaux jours de la république. Toutes les parties de l'art militaire dégénérèrent à la fois. Les campagnes ne furent plus que des incursions, et le courage ou le hasard décida seul des combats.

Quand les armes à feu eurent acquis quelque perfection, que l'ordre de profondeur se dédoubla, que les fronts s'augmentèrent, le terrain dut recommencer nécessairement à prendre de l'influence sur les opérations de la guerre : l'infanterie chercha les pays coupés, occupa par préférence les villages, les bois, les hauteurs. Ces points devinrent des postes et des appuis intéressants à se procurer; ils entrèrent par conséquent dans les combinaisons de la castramétation et de la tactique. Ce fut une nouvelle ressource pour le génie, un pas de plus vers la perfection de l'art de la guerre dont cette science est la base. Comme c'est un talent que de bien reconnaître un pays, et que ce talent est fondé sur la seule pratique, les officiers ne peuvent trop chercher à l'acquérir en temps de paix. La direction des chemins, le cours des eaux sont les deux lignes essentielles de direction dans la reconnaissance des pays de plaines; dans les pays montagneux, l'art consiste à bien démêler les chaînes principales d'avec les *sommités* ou contre-forts qui en dérivent; les points où naissent et coulent les eaux, les entrées et direction des gorges, l'espèce des pendants, la profondeur des vallons, la distance des lieux, et de rapporter tous ces détails au plus ou moins de facilités qu'ils offrent pour les communications, les transports, les débouchés. Mais cette connaissance du pays, quelqu'exacte qu'elle soit, ne suffit point pour l'homme de guerre, si l'on n'y joint point le coup d'œil, ou l'art de voir le pays militairement, c'est-à-dire de démêler promptement et sûrement quelle influence ce pays peut avoir sur les opérations militaires : quelle position il offre dans tel ou tel cas à l'armée ou au corps de troupes dont on suppute les mouvements; quels y seraient les débouchés et l'ensemble d'une marche sur tels ou tels points; enfin les rapports généraux et de détails que cette étendue de pays pourrait avoir avec les armées qui y agiraient.

Le *coup d'œil* est donc l'opération de l'esprit qui, saisissant aussi promptement que la vue aperçoit, les nuances du pays qui est devant lui, y applique sur-le-champ les manœuvres que l'on peut y faire, découvre le parti que l'on doit en tirer et les ressources qu'il offre. Celui qui possède le coup d'œil, modèle dans son imagination le pays qu'il a intérêt de connaître. Il y trouve des positions, des camps, des champs de bataille, des communications en toutes circonstances, et les points à occuper pour les assurer. S'il fixe particulièrement son attention sur une partie du terrain qu'il reconnaît, il découvre la quantité et l'espèce de troupes qui peuvent y opérer, ainsi que la meilleure disposition à leur donner pour agir avec succès. En un mot, le *coup d'œil* ou *la connaissance militaire d'un pays* est le résultat de la pratique de l'art du tacticien et de celui de l'ingénieur pris dans leur plus grande latitude.

Ce talent doit s'acquérir par l'étude et l'habitude de méditer sur les grandes opérations de la tactique[1]. Car

1. Les grandes manœuvres, les opérations d'une armée, les campagnes des grands capitaines de l'Europe moderne, fournissent sur cet objet une ample moisson de connaissances préliminaires, et en les suivant sur de bonnes cartes et avec attention, on s'ac-

supposons un homme, quelque bon topographe qu'il soit, qui démêlera et embrassera bien de l'œil et de l'imagination l'ensemble d'un pays, abstraction faite de troupes et de circonstances : si cet homme n'est pas profondément versé dans la tactique ou la science de toutes les parties de la guerre, qu'on le transporte dans un terrain couvert de troupes, qu'il y soit obligé d'y combiner les connaissances locales avec des opérations militaires, qu'il soit chargé de déterminer un mouvement relativement à telle ou telle circonstance; il sera aveuglé, incertain, et s'il se détermine il prendra le mauvais parti. S'il s'agit de choisir une position pour une armée, s'il n'est pas tacticien, comment saura-t-il combiner relativement à la force de cette armée l'étendue que cette position devra avoir? Comment aura-t-il égard dans son choix à l'espèce d'arme dans laquelle l'armée est la plus forte ou la plus faible?

Il y a deux moyens de se former au *coup d'œil*. Le premier est de parcourir un pays dans des vues militaires [1], et de s'accoutumer à former dans sa mémoire

coutumera insensiblement à s'inculquer le rapport du terrain à l'armée et de l'armée au terrain, de manière à pouvoir le saisir à la première inspection.

1. On examine en marchant tout le pays qui se trouve à portée de la vue, toute la ligne du terrain le plus éloigné, comme toute l'étendue de celui sur lequel on se trouve; on campe par imagination une armée sur le terrain qui se découvre le plus devant soi et que l'on voit en face, on en considère les avantages, les

une image exacte d'une certaine étendue. Outre cela, il faut y faire mouvoir des corps de troupes, faire marcher de front la tactique et la fortification, en assignant aux troupes des différentes armes le poste qui leur conviendra et les mouvements qu'elles devront exécuter, à raison de la vitesse qui leur est propre et de l'effet qu'elles doivent produire.

Philpœomen, un des plus grands capitaines de la Grèce, qu'un illustre Romain appela *le dernier des Grecs*, se forma ainsi le coup d'œil. *Plutarque* nous apprend la méthode dont il se servit pour acquérir ce grand talent. Le passage mérite d'autant plus d'être rapporté qu'il renferme les préceptes les plus sages que l'on puisse donner aux jeunes gens qui veulent s'appliquer à la science des armes. « Pardessus toutes les « lectures il aimait surtout à lire les traités d'*Evangelus* « qu'on appelle les tactiques, c'est-à-dire l'art de ran- « ger les troupes en bataille, et les histoires de la vie « d'*Alexandre*. Car il pensait qu'il fallait toujours rap- « porter les paroles aux actions, et ne lire que pour

défauts; on voit ce qui peut être favorable à la cavalerie et ce qui est propre à l'infanterie. On fait la même chose dans le pays qui est en deçà, alors on forme imaginairement les deux ordres de bataille, et on met en œuvre tout ce que l'on sait de tactique. Par cette méthode on se perfectionne le coup d'œil, et on s'habitue dans l'art de saisir promptement les avantages des lieux ou ce qui peut y être désavantageux. De cette manière aucun instant de perdu pour l'étude. Chasse, promenade, voyage, tout sert à l'instruction.

« apprendre à agir. Quand il avait lu les préceptes et « les règles de tactique, il ne faisait nul cas d'en voir « les démonstrations par des plans, mais il en faisait « l'application sur les lieux mêmes, en pleine cam- « pagne ; il observait exactement la position des lieux « hauts et des lieux bas ; toutes les coupures et les ir- « régularités du terrain, toutes les différentes formes « et figures que les bataillons et escadrons sont obligés « de subir à cause des ruisseaux, des ravins, des dé- « filés qui les forcent à se resserrer ou à s'ouvrir, et « après avoir médité sur cela, il en causait avec ceux « qui l'accompagnaient. »

L'autre moyen est encore plus mécanique. Il consiste à s'habituer à lever le terrain d'abord avec des instruments. Tous ceux qui ont levé des plans, et qui ont rapporté et dessiné le résultat de leurs opérations, savent à quel point le lieu et le pays qu'ils ont parcouru leur est connu. Moins ils ont négligé de détails, mieux le local est peint dans leur souvenir. Ensuite on s'accoutume à lever au pas et à la vue, on économise ses démarches en évaluant ainsi les distances et l'ouverture des angles; dans le commencement on vérifie à chaque pas ses opérations avec des instruments, et bientôt on acquiert une telle facilité pour figurer les pays que de reminiscence[1] on tracerait une certaine

1. Les épreuves de levés font aujourd'hui partie de l'instruction

étendue que l'on aurait parcourue, et tandis que l'œil modèlera les formes dans sa mémoire, que le crayon les exprimera sur le papier, il faudra combiner les opérations que l'on se proposera, les lier avec les différents accidents du terrain, et faire marcher de front l'attaque et la défense qui renferment toutes les combinaisons dont est susceptible l'art militaire.

Mais il ne suffit pas de savoir lever un plan avec ou sans instruments, et de pouvoir combiner quelques mouvements de troupes d'après la conformation d'un terrain que l'on parcourt, pour avoir le coup d'œil militaire, il faut encore avoir l'habitude de juger de l'étendue du terrain et de l'éloignement des objets; car on n'est pas toujours le maître de parcourir facilement les lieux que l'on veut et doit reconnaître. Il faut s'affermir la vue contre les illusions sans nombre que peuvent produire la différence du terrain, la quantité et la complication des troupes des différentes armes vues sous différents aspects, les manœuvres de ses troupes, les ruses de la tactique dont elles peuvent se servir pour tromper, si elles sont habilement maniées; l'horison plus ou moins serein, et mille autres causes accidentelles ou locales.

On sait que les différents objets ne se présentent

de nos officiers d'état-major. (*Topographie* du colonel Salneuve.) (*Note de l'éditeur*.)

jamais à nous qu'en perspective; dans la campagne surtout; les accidents de la nature les rivières, les vallées, les montagnes, les bois sont diversement éclairés et semblent quelquefois se confondre.

La forme des plans est totalement altérée, et les angles que font entre eux ces divers objets sont ordinairement très-difficiles à évaluer. Ainsi ce ne peut être qu'après avoir beaucoup levé et comparé des plans géométraux ou la carte d'une contrée, avec son apparence perspective de divers points, qu'on peut se familiariser aux reconnaissances d'un pays et se préserver des illusions de la perspective linéaire et aérienne, qui souvent conduisent à des erreurs de grande conséquence dans les plans que l'on figure d'après une inspection rapide [1].

On sent que la *géométrie* est une des premières bases de l'art de la connaissance du terrain et en est un élément indispensable. Comme toutes les évolutions sont calculées sur la combinaison de l'espace et

1. *La chasse* est un des exercices qui peut être le plus utile pour former le coup d'œil sous ces divers aspects; car une connaissance exacte d'une certaine étendue de pays facilite celle des autres, pour peu qu'on les voie. Au contraire, ceux qui ne sont point formés à cet exercice, dit *Machiavel*, ont plus de peine à y parvenir; au lieu que les autres d'un coup d'œil aperçoivent l'étendue d'une plaine, l'élévation d'une montagne, la grandeur et l'aboutissement d'une vallée, en un mot toutes les circonstances de différente nature de terrain, s'ils se sont formés par beaucoup de pratique et d'usage.

du temps, il est absolument essentiel de connaître d'une manière bien déterminée l'espace qu'occupe la troupe que l'on doit faire agir, la vitesse de ses mouvements, pour pouvoir calculer ses rapports avec le terrain que l'on veut occuper dans le temps dont on peut disposer.

L'expérience, aidée de cette théorie, forme le coup d'œil et met un officier en état de juger avec précision et rapidité de l'espace et du temps nécessaire pour exécuter quelques manœuvres que ce soit. Ceci est de la plus grande conséquence dans un jour d'action. Car alors on est capable d'exécuter en présence de l'ennemi mille mouvements qui peuvent être décisifs, s'ils sont faits avec justesse et précision, et que vous ne risquerez pas si vous n'êtes pas sûr de pouvoir les achever.

C'est l'ignorance, dans cette délicate partie de la guerre, qui cause l'incertitude que l'on remarque quelquefois au milieu des combats. Incapables de changer leurs plans suivant les nouvelles circonstances, les généraux sont plus inquiets; à mesure que l'ennemi approche, ils craignent avec raison de faire aucun mouvement devant lui, ne sachant pas si le temps ou le terrain leur permet d'achever telle ou telle manœuvre, qui pourtant serait nécessaire, et de là vient, dit *Lloyd*, que la plus grande partie des batailles se décide plutôt par des hasards particuliers que par de ces savantes dispositions dont on puisse faire honneur à la prudence humaine.

Les généraux forment leurs dispositions dans le cabinet, et supposent bien des circonstances qui n'arrivent jamais, telles au moins qu'ils les ont supposées : mais il y a bien peu d'hommes qui dans le cours de l'action aient le coup d'œil vraiment sublime qui saisit les nouvelles circonstances et sait habilement s'en prévaloir.

Tout en ayant donné des préceptes pour acquérir le coup d'œil ou faciliter l'application des manœuvres et mouvements des troupes avec la connaissance du terrain, je n'ai point prétendu parler de cette sagacité de coup d'œil et de jugement qui gagne les batailles, et que la nature ne donne dans l'espace d'un siècle qu'à quelques hommes privilégiés ; de cette détermination qui s'élance comme la pensée et est prise au milieu du tumulte, du danger, au milieu de tous les inconvénients qu'offrent tous les faux partis, qui environnent souvent le seul qui est bon. Cela ne s'acquiert point, c'est un don de la nature indépendant des *mathématiques*, de l'étude et de l'expérience ; il est fort supérieur à elles. C'est l'apanage du génie. Le génie seul peut combiner tous les rapports qui se trouvent entre l'armée et le terrain, et choisir précisément la combinaison qui est la plus avantageuse.

Les grands génies, dit *Lloyd*, ont une conception vaste et rapide, ils voient tout à la fois la cause et les effets, et la foule de combinaisons qui s'y joignent : ils ne procèdent point par les règles ordinaires qui développent *lentement* une idée d'une autre; tout l'ensemble se peint à leur imagination, comme dans un grand tableau, qui présente toutes les circonstances actuelles et les conséquences futures. Il n'y a point de géométrie pour eux.

Après ces notions sur la manière de se former le coup d'œil, il ne sera pas hors de propos de réunir ici dans un ordre alphabétique la manière d'étudier les localités sous leurs points de vue militaire. Peu d'auteurs sont entrés dans ces détails si essentiels à l'art des reconnaissances.

§ III.

Bois et Forêts.

Leur position respective..., leur étendue..., leur épaisseur..., les arbres sont-ils de futage ou de taillis..., plusieurs masses forment-elles des trouées? Leur étendue. Les bois de droite et de gauche sont-ils fourrés? Peuvent-ils être tournés? En quel endroit la trouée est-elle plus large... Le terrain de la forêt est-il plat ou montueux?... Les routes, les chemins, d'où viennent-ils, où vont-ils? Leur qualité : faudra-t-il les élargir?... La nécessité, la facilité d'y ouvrir de nouvelles routes, la direction à leur donner pour n'être pas pris en flanc... Les moyens de se retrancher dans la forêt, d'y faire des abatis, de tirer parti des endroits fourrés et de ceux qu'on découvrirait en faisant des abatis... La nature du terrain en deçà et en delà de la forêt offre-t-elle des positions? Les champs cultivés, les prés, les ravins..., dont il faut noter la direction et le fond (pour les grands seulement), les ruisseaux, les marécages, les sources, les châteaux, les villages, etc., assigner la distance de ces objets aux lisières.

Pour bien reconnaître une forêt, faites-en le tour; examinez les chemins qui en sortent, informez-vous d'où ils viennent, où ils vont; observez de même les ruisseaux et les ravins qui sortent de cette forêt : s'ils sont considérables, suivez-les jusqu'à leur naissance, notez tous les chemins qui les coupent et les lieux marécageux qu'ils traversent.

Bruyères, Hayes.

Pour quelles troupes sont-elles praticables? de quelle nature sont les broussailles, les ravins, les ruisseaux, les routes? Les haies sont de très-bons postes, parce qu'elles fournissent des parapets d'un excellent profil... Qualité des haies : elles sont peu épaisses dans un terrain sablonneux, et offrent des obstacles sérieux dans les terres fortes [1].

Canaux.

Voyez l'article rivière en entier... Leur communication..., la nature des terrains où ils sont creusés... Le moyen de les saigner, de les détourner... Les écluses : le moyen de les ruiner, de les protéger... Comment défendre ou empêcher leur navigation?

Camps.

Sont établis : ou pour former quelques entreprises en avant : expliquez les points à menacer, pour donner de la jalousie et le change à l'ennemi; ou pour couvrir un pays, marquez les points à défendre, tâchez pour les protéger de n'avoir à parcourir que la corde de l'arc que l'ennemi décrira dans ses marches... Comment augmenter les obstacles du front et des flancs, par des inondations ou des retranchements, etc.,

1. Les bruyères élevées sont praticables en tout temps. Les bruyères basses sont sujettes à être marécageuses. Quand le sable des bruyères est de la couleur ordinaire, les chemins en sont toujours bons; si le sable est noirâtre ou mêlé de petit sable blanc, les chemins sont impraticables l'hiver, et même dans un été pluvieux.

comment éviter d'être tourné; et si on peut l'être, se ménager une retraite sur les derrières.

Dans tous les camps : il faut bien développer les moyens d'établir les subsistances et d'empêcher qu'elles ne soient interceptées... Tâchez de couvrir le front par des ruisseaux et d'appuyer les ailes à des marais, à des bois impraticables... Marquez la profondeur du camp, le champ de bataille, les eaux dont on peut disposer, leur qualité ; si elles sont de nature à tarir.

Châteaux et Citadelles.

Leur position... Leur étendue... La protection qu'ils donnent à la ville ; leur objet ; leur liaison... Leur fortification actuelle ; celle dont ils sont susceptibles... Leur défensive, quant à la campagne et à la ville... Les souterrains qu'on y trouve ; la qualité de leurs voûtes.

Chemins.

Leur direction... Leur terme... Leur largeur variable ou constante... La nature de leur sol ; pavés, ferrés, battus... Les montées, les descentes évaluées en heures de marche... Praticables dans quelles saisons... Bordés d'arbres, de haies, de fossés... Pays, rivières, villes, etc., qu'ils traversent... Chemins qui viennent y tomber; jusqu'où ils s'étendent... Les hauteurs qui les dominent... (dans les montagnes), s'ils sont en corniche ou en tourniquet... Les encaissements ; les pas dangereux [1], les réparations à faire pour le transport de l'artillerie..., s'ils sont creux; leur longueur [2], et noter la largeur de la voie du pays... Si le chemin qu'on observe est le seul dans cette direction, il faudra voir si on peut ouvrir, relativement à lui, des routes pour les autres colonnes, et tracer l'itinéraire de ces colonnes.

Climat.

Causes physiques qui peuvent influer sur la santé... Qualité de l'air..., froid, chaud, humide, sec... Saisons et longueur des intempéries; moyen de s'en garantir, usages des habitants à cet égard.

1. Il n'y a que les chemins dont le fond est de gros sable, de graviers ou pierreux qui soient bons en tout temps. Ceux qui traversent des terres fortes, qui sont encaissés, bordés ou serrés par des haies, sont certainement mauvais en temps de pluies. Quelquefois on en trouve de ce genre sur les hauteurs : le vent les tient secs, ils sont bons dans l'arrière-saison; mais ce sont presque toujours des chemins verts, peu connus, peu fréquentés; il faut les indiquer, il ne faut pas négliger les sentiers; les gens du pays les regardent souvent comme impraticables pour les troupes, par les fossés et autres obstacles qui les rétrécissent, et on en fait souvent de bons chemins avec peu de travail.

2. Il faut éviter les chemins creux en les comblant, etc., parce que si une voiture s'y brise la colonne est arrêtée.

Cols et Passages.

Praticables pour l'infanterie, la cavalerie, les voitures... Leur communication directe... Leur communication entre eux par les crêtes ou sommités... Moyen de les garder... Le temps qu'il faut pour arriver à la plus grande élévation par les routes établies... Peut-on s'ouvrir de nouveaux passages.

Côtes.

La nature des côtes, bordées de dunes, couvertes de rochers plats qui rendent leur abord plus ou moins dangereux; hérisées de falaises qui en interdisent absolument l'accès... Les parties développées et découvertes propres aux descentes... Les parties rentrantes offrant des anses et des ports... Les pointes et les caps propres aux forts, aux batteries qui pourront défendre les points accessibles... Les îles adjacentes servant d'ouvrages avancés qui forment des barrières aux tentatives de l'ennemi... Les laisses, les anses, les baies... Les rades... Les ports; la nature des vents qui sont nécessaires pour l'entrée et pour la sortie de ces ports, dont il faut indiquer les avantages et les inconvénients... Les différentes batteries établies pour la défense des mouillages, des passes... Les retranchements, les épaulements pratiqués dans les parties où l'on peut tenter les descentes... Les camps, les postes qui doivent couvrir les principaux établissements et l'intérieur du pays... Exposer tout ce qui caractérise les endroits accessibles ; les dangers qu'on aura à courir ; les obstacles à surmonter ; les moyens de les augmenter; les temps des marées plus ou moins favorables à l'approche des endroits; indiquer les lieux donnant des positions plus avantageuses aux moyens de défense et aux points à défendre... L'état actuel des forts qui protégent la côte ; des batteries, des corps-de-garde et de toutes les pièces d'artillerie qui peuvent s'y trouver... Analyser les systèmes de défense donnés ; les améliorer, ou en faire un nouveau... Calculer les forces que peuvent fournir, dans un moment de surprise, les canonniers garde-côtes, en attendant que les troupes réglées de tels et tels lieux puissent arriver aux points attaqués... S'il est des rivières qui aient leur embouchure sur ces côtes; les marées apportent des variations sur leur passage ; il faut rendre un compte exact de cette influence.

Défilés.

Leurs gorges plus ou moins serrées... Leur longueur... Les postes à occuper pour couvrir une retraite... La nature du terrain à leur débouché...

Comment y mettre en bataille un nombre de troupes snpposé?

Étangs, Marais, Prairies marécageuses.

Leur cause; est-ce un terrain humide? sont-ils nourris par des sources? sont-ils formés par le débordement d'une rivière sur un terrain ferme? Leur position... Comment les traverser? sont-ils coupés par des chaussées? peut-on y en établir, ou les rétablir? comment défendre ces chaussées, pour protéger ou empêcher le passage des colonnes? y a-t-il des bouquets de bois?.. Quelle est leur bordure? quels terrains leur succèdent dans toutes les directions? Y a-t-il des brouillards? dans quels temps sont-ils malsains?... Dans quels temps ces parties marécageuses sont-elles praticables [1]? Fournissent-elles des tourbes?...

Fontaines, Sources.

Qualité des eaux... Facilité de les puiser... Leur

1. Dans les pays de sables et de bruyères, il y a beaucoup de marais couverts d'eau en hiver, et presque secs en été; on y trouve souvent d'anciennes traces de chariots qu'il faudra faire suivre et sonder.

Les prairies marécageuses, qui paraissent quelquefois en été très-praticables, ne supporteraient pas une colonne de cavalerie; il faut les examiner avec soin et se méfier des prairies dont l'herbe est haute et serrée, ou dans lesquelles il y a des parties de mousse d'un vert jaunâtre; elles sont impraticables pour la cavalerie et même pour l'infanterie en temps de pluie.

usage pour la cavalerie... Quantité qu'elles peuvent fournir... Leur position relativement à un camp... Est-on maître de la source dans tout son cours?...

Forts et Fortins.

Leur fortification, durable, passagère, rasante, élevée; revêtue; à demi-revêtement, en maçonnerie, en briques, en gazon; naturelle, artificielle; ancienne, moderne... Le terrain qui les entoure, favorable ou non... Leur position, par rapport aux débouchés par où l'ennemi peut pénétrer... La défense dont ils sont susceptibles par eux-mêmes et par la dépense qu'on peut y faire.

Gués.

Le gué pour la cavalerie doit être au plus de 1m,299; le gué pour l'infanterie doit être au plus de 0m,964. Rives; leur forme, leur nature, leur niveau à l'entrée et à la sortie du gué... Leur position dans les coudes, sinuosités, etc... Les points de repère qui les indiquent... Les points des environs qui peuvent donner le change à l'ennemi... Leur fond [1].., Leur abord....

1. Les gués, dans les pays montueux, sont souvent embarrassés de grosses pierres; ils sont incommodes pour les chevaux et impraticables pour les voitures... Les gués dont le fond est de gravier sont les meilleurs; tels sont presque toujours ceux des pays, des plaines cultivées... Dans les pays de sable et de bruyères,

Leur débouché... La hauteur de l'eau; sa rapidité; si le courant est fort, le gué ne doit avoir que 0m,812 surtout pour l'infanterie... Leur direction... Leur largeur... Moyens de rompre les gués.

Il ne faut pas s'en rapporter aux paysans sur la quantité et la qualité des gués... Quand dans le temps des basses eaux on verra une rivière passer entre deux bancs de sable avec rapidité, il faudra la faire sonder d'un banc de sable à l'autre; quoiqu'il n'y ait pas de gué frayé, et que les gens du pays n'y en connaissent pas, il est rare qu'une rivière ne soit pas guéable en pareil cas.

Le moyen le plus sûr de reconnaître les gués est de descendre une rivière dans une nacelle à laquelle on attache une sonde qui est arrêtée par un cordage et que l'on met de 0m,974 dans l'eau, la sonde vous avertit des gués par le mouvement qu'elle fait quand elle touche le fond. Vous reconnaissez alors la longueur, la largeur, la qualité, etc., du gué.

Remarquez le degré d'eau au moment où on reconnaît le gué. Plantez un piquet, où par le moyen des divisions métriques que vous y aurez tracées, vous puissiez savoir au juste si la rivière a augmenté ou

le fond est ordinairement un sable mouvant ou un gravier fin : ce fond est dangereux, parce que, si on y fait passer une grande quantité de chevaux, le sable se délaie, l'eau l'entraîne, le gué se creuse et les derniers passent à la nage.

diminué depuis ce moment; car il arrive souvent que par les pluies ou par un vent du midi, une rivière grossit de $0^{m},324$ et plus, en peu de temps; alors le gué n'est plus praticable. Si la rivière, ayant d'abord cru, a diminué ensuite, sondez de rechef, car la crue des eaux peut augmenter le courant, et creuser le lit.

La meilleure façon pour assurer un gué est de mettre deux rangs de piquets sur les extrémités de la largeur du gué, en laissant une distance convenable entre ces piquets, et d'y faire passer un cordage de l'un à l'autre, en guise de garde-fou. Mais, comme on risque par ce moyen de l'indiquer aux gens du pays, qui peuvent venir le détruire s'ils sont mal disposés, il vaut mieux jalonner la direction au moyen de points remarquables, placés sur les deux rives, et ne déjalonner qu'au moment de s'en servir.

Hameaux.

La disposition des fermes; le terrain qu'elles occupent ensemble; la façon dont elles sont bâties; les matériaux employés; les secours qu'elles peuvent procurer.

Inondations.

Le niveau de leur retenue... Le jeu des écluses; leur effet est-il prompt? dans quel temps estime-t-on que l'inondation sera tendue? Comment s'emparer de ces écluses, ou les défendre? Comment empêcher ou retarder leur effet?... Comment pourrait-on saigner l'inondation? Ou serait-il nécessaire d'élever des digues pour l'assurer?

Montagnes.

Dans les hautes montagnes, comme dans les Alpes et dans les Pyrénées, les chemins sont fort rares, il n'y a que les vallées qui sont habitées et praticables. Ainsi en connaissant bien ces vallées, leur abord, leurs débouchés, et les cols ou passages connus, on sera dispensé de parcourir les montagnes ailleurs que par les chemins et sentiers.

Distinguez les chaînes principales qui servent d'enceinte à un pays; les différents rameaux qui en défendent ou favorisent les issues... Les hauteurs relatives de leurs parties... Si les chaînes de montagnes sont assez étendues pour y former un plan de défense, indiquez les communications, les abatis, les lieux propres à des redoutes, les chemins à détruire, et les autres moyens d'y traverser l'ennemi.

Position... Pentes... Revers...

Moyens d'arriver au sommet... Nature du terrain; sa forme... Sont-elles couvertes de bois, de rochers nus?... Leur fertilité, pâturages, fourrages, habitations, villes, villages, châteaux, censes, routes, sentiers... Positions propres aux camps.

Les montagnes qui ne sont que des plaines élevées sont plus difficiles à observer, parce que les formes du terrain y sont moins prononcées; elles exigent plus de détails.

Pays montueux.

Un pays montueux, en partie cultivé, en partie boisé, est le plus difficile à bien reconnaître. C'est un pays à position qui demande de grands détails.

Commencez la reconnaissance par la partie la plus élevée d'où reversent les ravins et les eaux de droite et de gauche, et dont on marque la naissance avant d'entrer dans le détail du reste. Suivez les principaux ravins, les ruisseaux, les rivières aussi loin que possible, en marquant avec soin le nombre et la position de tous les ravins et ruisseaux confluents de droite et de gauche avec celui que vous reconnaîtrez.

Pour es routes, observez qu'il y a des vallons coupés par tant de sinuosités, de ruisseaux allant de l'un à l'autre côté du vallon, qu'ils sont impraticables aux troupes, à cause de la multiplicité des ponts qu'il faudrait faire. Il y a peu de crêtes de montagnes où il n'y ait des chemins frayés sur toute la longueur; ces chemins peu pratiqués, peu connus, sont souvent très-utiles[1].

Il y a quelquefois des ravins dont les débouchés sont faciles, dont le fond est en rampe douce et en prairie sèche, du moins en été; ces sortes de ravins peuvent servir de route à une colonne. Il faut les bien reconnaître, noter le travail à faire pour les rendre praticables pour telle ou telle espèce de troupe, et à quels chemins ils aboutissent. Il faut garder les débouchés de ces ravins contre l'ennemi.

Pays plats.

Ces pays, lorsqu'ils sont fertiles, sont très-coupés. Haies... Fossés... Villages... Maisons... Ruisseaux... Canaux... Marécages... Chemins... Rivières... Ponts... Terrains découverts et libres où on peut camper. Leur étendue.

Plaines.

Plaines découvertes. Rivières... Ruisseaux... Vil-

1. Dans un pays de plaines montueuses, quand deux vallées ou deux rivières courent dans une même direction à la distance de 2 à 3 lieues, l'entre-deux de ces vallées ou rivières forme ordinairement une montagne dont les pentes de droite et de gauche sont sillonnées de chemins creux et de ravins, mais dont la crête est praticable dans toute sa longueur. Il faut bien reconnaître cette crête jusqu'à la jonction des vallées, elle offrira un chemin plus commode que les côtés.

les.., Villages... Chemins principaux... Positions... Tout ce qui peut faire obstacle.

Plaines boisées et en partie cultivées. Plus de détails. Bois grands et petits; leur qualité, leur étendue.

Plaines montueuses. Observez avec soin les chemins presque toujours creux aux approches des villes, villages, etc.

Ponts.

Leur position... Leur utilité... Leur communication... Leurs dimensions... Leur matière, bois, pierre, etc... Leur solidité ; s'ils peuvent soutenir l'artillerie... Le moyen de les détruire, de les rétablir le plus avantageusement en égard aux rivages, au courant, à la largeur, à l'encaissement, aux gués, etc., de la rivière, et aux chemins qui y aboutissent... Comment en fortifier la tête... La rive dominante...

Pour les ponts des villes, villages, etc., détaillez les rues qui sont en deçà et en delà ; leur abord, leur débouché, le pays en avant.

Des Positions.

Toute position supposant un avantage décidé du terrain doit n'être dominée de nulle part sur son front et sur ses flancs. C'est hors de la portée du canon que doivent être les hauteurs séparées de cette position, s'il en est qui ont la même élévation qu'elle.

On doit avoir trois objets dans la reconnaissance d'une position : 1° le détail du terrain ; 2° les abords et les débouchés ; 3° les communications ou derrières de la position.

En supposant une armée campée sur deux lignes : son camp doit avoir au moins 584m,711 de profondeur en terrain libre ou très-aisé à rendre tel, et 116m,945 de front pour 1000 hommes y compris tous les intervalles.

Le défaut de bois ou d'eau, ou le trop grand éloignement de l'un ou de l'autre, rend les autres avantages d'une position inutiles, et elle n'est en pareil cas tenable que momentanément ou dans un grand éloignement de l'ennemi. Il ne faut pas regarder comme une ressource pour l'eau des rivières ou des ruisseaux qui peuvent se trouver en avant du camp, et dont l'ennemi pourrait interdire l'usage.

Les flancs d'une position doivent être appuyés à des villes, villages, ravins, ruisseaux, ou à des escarpements.

Le front d'un camp doit être couvert par des ruisseaux ou de petites rivières, par des ravins, des escarpements, et en général par des obstacles, qui empêchent l'ennemi de s'y porter en bataille sur-le-champ, et qui par conséquent le mettent dans le cas de ne pouvoir y arriver que par des défilés.

Une position devient inutile lorsque le front est couvert par des obstacles insurmontables, à travers lesquels l'armée n'aura nul débouché pour sortir de son camp. Mais il n'y a jamais d'inconvénient que les flancs soient bien couverts.

Les troupes sont très-inutiles sur un terrain dont l'ennemi ne peut approcher ; il est dangereux et superflu de les y multiplier.

Dans les pays montueux, il faut que les obstacles qui couvrent le front d'une position, ainsi que les défilés pour y arriver, soient toujours soumis au feu du canon, placé sur le champ de bataille ou à la tête du camp. Si les débouchés étaient hors de la vue ou de la portée du canon, l'ennemi pourrait les passer et se former sans gêne.

Dans un pays de plaines où les positions n'ont pas l'avantage des commandements, elles ne sont plus ou moins bonnes que par la nature des obstacles qui les couvrent. Il est essentiel que le terrain en avant de ces obstacles soit découvert, parce qu'en plaçant l'artillerie à leur portée, ils en sont défendus, à moins que ces mêmes obstacles ne soient d'une assez grande étendue pour occasionner de longs défilés aisés à rompre ou à garder.

Ces obstacles, qui gênent les approches de l'ennemi, sont les bois très-fourrés dans lesquels les chemins sont rares; les gros ruisseaux qui ne peuvent pas être enjambés, ni passés à gué, et dont le passage demande du temps pour y construire des ponts; des marais, des chemins creux; des ravins profonds et escarpés; un pays fort coupé de haies, de fossés, etc.

Il est toujours dangereux d'occuper une position qui a derrière elle des marais, ou des ruisseaux maréca-geux, ou tout terrain à défilés, qui, dans un cas de retraite, rendrait le déblai de la position lent et difficile. Il faut toujours examiner par combien de débouchés pratiqués ou praticables on pourra passer ces obstacles; il en faut au moins 5 à 6.

Le terrain d'un camp ne doit jamais être trop embarrassé de haies, ni trop occupé de ravins, qui occasionnent de grands intervalles dans les lignes et des détours pour la communication des troupes.

Position offensive.

Un terrain avantageux; des débouchés aisés suffisent; mais on n'en couvre pas moins le front par des obstacles praticables et on appuie les flancs à des villes, etc.

Position défensive.

Le choix et la reconnaissance d'un camp défensif exigent une attention particulière, non-seulement par le détail du terrain, mais encore par le rapport qu'il doit avoir avec l'ensemble et la nature du pays qui l'environne.

Les fronts et les flancs d'une position défensive doivent être couverts de façon à ne laisser que très-peu de débouchés pour en approcher, et le moins sera le mieux. Il est nécessaire que les obstacles qui sont sur les flancs soient assez prolongés pour que l'ennemi ne puisse pas les tourner sans faire un grand circuit.

Il faut reconnaître dans le plus grand détail, et au loin, les obstacles qui couvrent le front ou les flancs d'un camp défensif.

Si le terrain refuse une partie des obstacles nécessaires, il faut y suppléer par des redoutes, des abatis, des retranchements, des inondations, etc., et par des batteries qui doivent dominer sans être dominées, ne pas trop plonger, et croiser leurs feux sur les débouchés.

Il faut rendre compte de la direction, de la qualité, etc., de tous les chemins qui arrivent à cette position défensive, en avant, en arrière et sur les flancs du camp... Des noms, de la force, de la distance des villages, bourgs, villes qui sont dans la proximité du camp, et détailler plus particulièrement ceux en avant du front, des flancs de la position, et qui seront dans le cas d'être occupés.

Il n'y a pas d'inconvénient qu'un camp défensif ait derrière lui un pays couvert et coupé, pourvu qu'il n'y ait pas d'obstacles insurmontables et qu'il y ait assez de débouchés pour la retraite, en cas d'événement; un tel pays la favorisera.

Une position défensive n'est bonne qu'autant que l'ennemi ne peut la dépasser, ni la tourner en corps d'armée, sans trop prêter le flanc, et sans découvrir ses communications. S'il ne peut envoyer qu'un détachement sur les derrières de cette position, il faut que le front soit d'assez bonne défense pour permettre au général de faire un gros détachement de son armée, qui marchera au détachement ennemi; en un mot, il faut que l'ennemi ne puisse vous faire quitter cette position en manœuvrant.

Il faut n'avoir rien à craindre des incursions de l'ennemi sur ses communications avec le dépôt des subsistances. Si le dépôt est trop éloigné, si les postes intermédiaires ne sont pas hors d'insultes, la position n'est pas tenable. Il faudrait que ce dépôt ne fût qu'à 4 ou 5 lieues.

Il faut détailler les ressources du pays en vert et

en sec, et reconnaître la quantité des fourrages que les derrières d'une position peuvent fournir à 4 ou 5 lieues.

Il faut détailler la force et l'éloignement des villages, hameaux qui se trouvent derrière la position, à 3 ou 4 lieues, pour pouvoir y cantonner quand il le faudra, et rassembler ces quartiers, en 4 ou 5 heures, sur le terrain de la position.

Profils.

Dans les profils des terrains dont on examine les détails, observez les parties qui peuvent cacher l'infanterie, la cavalerie, l'artillerie. Rendez compte des montées et des descentes, évalués en heures de marche.

Quartiers d'hiver.

Les moyens pour rendre les communications assurées entre tous les quartiers d'une armée... Ces quartiers ne doivent pas couvrir une trop grande étendue de pays, pour que les troupes soient à portée de se secourir réciproquement et de se rassembler, s'il est possible, sur un champ de bataille, avant que l'ennemi puisse tenter de les enlever séparément... Déterminez les villes qui peuvent servir de magasin, les fortifications qu'elles exigent pour éviter les surprises et tenir avec sûreté un certain nombre de jours contre les attaques les plus vives... Les travaux à faire dans chaque quartier, sur les rivières, marais, etc., en forts, redoutes, etc., pour assurer les communications que pourraient rompre ces obstacles.

Ravins.

Nature du terrain, en rochers, terres, cailloux mouvants, sables, etc... Peut-on réduire en talus faciles leurs escarpements rapides?... A-t-on à craindre les orages, la fonte des neiges, les éboulements?...

Rivières.

D'où viennent-elles? où vont-elles?... La nature du pays qu'elles arrosent; est-il à nous ou à l'ennemi? Quel secours en tirer avant et durant la guerre?... La qualité des eaux... Leur lit[1], leur encaissement... Leurs cours... Leurs courants... Leurs fond, vaseux, couvert de graviers, etc... Gênent-elles? La glace peut-elle porter?... Les moulins qu'on y rencontre... Les ponts... Les bacs... Les gués... Les crues d'eau, le temps où elles arrivent[2]; occasionnent-elles des inondations?..

1. Les rivières qui se divisent en plusieurs bras et forment des îles sont sujettes à changer le lit principal de leur cours à chaque crue d'eau; ce qui peut, d'une année à l'autre, rendre toutes les reconnaissances inutiles.

2. Les rivières qui sortent des hautes montagnes où la neige ne fond pas tout à fait vers le milieu de l'été ont, presque toutes

Dans les points de passage, leur largeur, leur profondeur, leurs bords; les chemins, sentiers qui aboutissent à ces points.

Sont-elles navigables?... Depuis quel endroit... La grandeur des bateaux qu'elles peuvent porter; ceux dont on fait usage; la quantité quelles peuvent en fournir.

Les îles qu'elles forment. Sont-elles habitées, boisées, cultivées, en bruyères? La grandeur de ces îles, leur escarpement, leur commandement relativement aux rives.

Leurs coudes, leurs sinuosités... La forme des presqu'îles... Peut-on y jeter des ponts?... Les montagnes, collines, rideaux qui les bordent; leur commandement, leur pente, leur forme, leur distance aux bords... Les ravins qui aboutissent aux rives (il faut remonter ces ravins pour voir s'ils sont praticables)... Les bras ou confluents d'autres rivières qui se trouvent à portée et au-dessus des points où l'on peut établir des ponts.

Les positions que le terrain peut offrir à une armée parallèlement ou de flanc à l'une ou l'autre rive.

Nota. — Il faut, en décrivant les rivières, y joindre

deux crues d'eau périodiques par année; la première en mars ou avril, à la fonte des grandes neiges; la seconde en juillet et août, quand le reste des neiges est fondu par les grandes chaleurs. Les rivières qui ont leur source et se forment successivement dans un pays uni et peu élevé n'ont de crues d'eau extraordinaires qu'en hiver, et en général dans les temps de grandes pluies.

l'itinéraire de 3 à 4 colonnes pour une armée qui longerait ses bords.

Reconnaissance pour l'offensive.

C'est au point le plus rentrant des sinuosités qu'on établit les ponts ; il faut bien examiner si les deux rives permettent de les faire. Si de la surface de l'eau à la crête du bord il y a plus de $1^{m},949$ à $2^{m},273$, l'emplacement ne vaut rien [1]. Sur les côtés du coude, on met les batteries pour protéger le passage ; plus elles sont en avant du coude, plus elles éloignent l'ennemi. Il faut que cet emplacement ne soit ni commandé ni pris en rouage... S'il n'y a pas de sinuosités, on choisira les points où la rive intérieure, c'est-à-dire celle où l'on arrive, et d'où l'on jettera le pont, ait de la supériorité sur l'autre rive... Si les rives sont également plates, il faut indiquer les points où la rive opposée sera la plus découverte et la plus favorable à l'action de l'artillerie.

Si, dans un emplacement propre à jeter des ponts, la rive opposée se trouve embarrassée de haies, des buissons, etc., ce pays couvert sera favorable à la construction du pont, pourvu que la rive intérieure ait une supériorité décidée sur la rive opposée, et que

1. C'est suivant l'espèce de pont, voyez l'*Essai sur les ponts militaires*.

rien ne gêne l'effet de l'artillerie. Dans ce pays couvert on pourra cacher de l'infanterie; mais il ne doit pas être trop étendu, trop difficile à rendre praticable. Le pays sur lequel on débouche ne doit pas être coupé de marais, de bois, etc. Le voisinage des rivières et gros ruisseaux dont le confluent est sur la rive intérieure est avantageux pour l'établissement des ponts.

Reconnaissance pour la défensive.

Indiquez les moyens qu'a l'ennemi de passer la rivière par les gués et les avantages de la rive qu'il occupe... La nature du pays que l'ennemi aura à parcourir après son passage. Les moyens militaires qu'on a de garder la rive dont on est maître par les postes [1].

Indiquez les positions que l'armée peut prendre pour garder la plus grande longueur possible d'une rivière, en restant en mesure de se porter sur les points de

1. Pour placer les troupes, si la rive est plate et découverte, on met les postes de cavalerie sur les hauteurs les plus voisines de la rivière, s'il y en a, et le plus à portée des postes d'infanterie. On met ceux-ci dans les villages, les bois, les maisons, les clos entourés de haies, etc., qui ne sont qu'à cent pas de la rive, et dans les points où l'on découvrira le mieux la rive opposée et le cours de la rivière. Les postes d'infanterie trop près de la rivière sont exposés au feu des patrouilles ennemies, à moins qu'ils ne soient couverts de bois, de retranchements, etc. On les éloigne donc hors de la portée du fusil, et on ne met que des sentinelles sur le bord.

cette longueur où l'ennemi peut tenter un passage... Reconnaissez les chemins que suivront les patrouilles pour communiquer d'un poste à l'autre : ils doivent être le plus près du bord qu'on pourra... Rompez les gués... Si le terrain est difficile et n'offre que rarement des rentrants ou points propres à jeter des ponts, mettez dans ces points des redoutes ou des batteries.

Ruisseaux.

Les rivières médiocres ou les gros ruisseaux exigent presqu'autant de détails que les grandes rivières. Il faut même s'occuper plus particulièrement de la profondeur de l'eau et faire sonder les petites rivières plus que les grandes. Toutes les fois que par la rapidité on aura lieu de soupçonner peu de profondeur à l'eau, on pourra se dispenser de chercher les points de ces rivières favorables à l'établissement des ponts... Comme les ruisseaux, etc., servent à couvrir le front ou les flancs d'une armée, il faut en bien connaître tous les passages fréquentés ou praticables.

Leur direction... Leur cours... Leur lit... La qualité des eaux... La quantité d'eau... Leurs crues... Leur dessèchement... Les prés, les marais qu'ils traversent... Les moulins qui sont sur leurs bords[1]... La

1. Les moulins rendent souvent les rivières guéables ou non

largeur du vallon, les collines, rideaux, etc., qui les bordent; de quels côtés sont ceux qui dominent... Les ruisseaux encaissés, les ravins, etc., qui tombent dans le vallon du ruisseau et leur distance entre eux, afin de savoir si on peut y appuyer les flancs.

Terres.

Incultes... Cultivées... Leurs productions... Leur fertilité... Temps où l'on recueille leurs différents fruits... Quantité de mesures de froment, de seigle, d'orge, d'avoine ou autres grains qu'elles produisent, en défalquant la subsistance des habitants et les semailles... Quantité de foin que donne l'arpent.

Vergers.

A quoi tiennent-ils?... Sont-ils très-couverts? sont-ils clos en haies vives, en fossés, en murs, en gazons, etc.?

Vignes.

Nature de leur terrain... Sont-elles plantées en sillons? leur profondeur... Sont-elles soutenues par des

par la retenue des eaux; il faudrait s'instruire : 1° de la hauteur de l'eau depuis le réservoir supérieur, toutes les vannes du moulin étant fermées; 2° ce qui reste de hauteur d'eau entre les deux réservoirs, toutes les vannes levées; le temps que met l'eau à s'écouler, car souvent l'on défend ou l'on force un poste par la retenue ou l'écoulement des eaux.

échalas, des arbres, etc.? sont-elles entourées de haies, de fossés, etc.?

Villages.

Leur situation... Leur nombre de feux... La nature des terres... La qualité et la quantité des récoltes... Les marchés; les environs qui vont à ces marchés... Les bêtes de somme; les troupeaux; les bœufs, la volaille qu'on y trouve... Les fours... La qualité des eaux... La bâtisse des maisons, des granges, des bergeries... La position de l'église... Le cimetière; est-il clos de murs, de buissons, de fossés?... Les moulins à eau et à vent... Le village est-il entouré d'un fossé, d'une haie, d'un mur, d'une gazonnade; peut-on s'y retrancher?

Villes fortifiées.

Le rapport des places avec le mouvement des armées sur le terrain où elles sont assises.

Les positions respectives de plusieurs villes, soit en première, soit en seconde ligne; leur enchaînement réciproque... Les secours qu'elles peuvent se donner; les secours qu'elles peuvent recevoir en cas d'insulte ou de siége; le moyen de diriger ces secours suivant la direction des attaques... Les secours en vivres; le moyen de les faire parvenir... Peut-on les faire servir d'entrepôt essentiel?... Peut-on y établir des hôpitaux?

Les rivières, les fortifications... La force de chaque front... Les environs de la place à la portée du canon.

La forme de l'investissement; les postes à lier aux lignes de circonvallation, la manière de fortifier les lignes la plus relative aux terrains, aux positions, aux moyens. Les communications les plus sûres à établir entre les quartiers, et les moyens de les couper.

Les avantages que peut offrir le terrain, entre les glacis et les lignes, pour s'opposer aux travaux de l'assiégeant.

Villes ouvertes.

Leur situation... Leur construction... Leur population... Leur commerce... Les denrées qu'on y enferme... Les secours qu'on peut en tirer en hommes, chevaux, etc... Les places... Les bâtiments considérables... La défense dont elles sont susceptibles... Les murs qui les entourent; si les maisons leur sont adossées... S'il y a des tours, des fossés secs, marécageux, pleins d'eau... Le nombre de portes... Les jardins des environs... Les chemins qui y aboutissent.

Tous les renseignements seront réunis dans un mémoire qui accompagnera la carte topographique du terrain.

Ce mémoire fera connaître, avec toute la précision possible, les diverses ressources que possède le pays pour l'approvisionnement de l'armée, son établissement dans les cantonnements, la nature des obstacles figurés sur la carte, le classement de la population, les ressources qu'elle peut offrir pour les besoins de l'armée, etc.; enfin, il renfermera tous les détails possibles sur certains des renseignements donnés par la carte, détails qu'on ne peut figurer sur le dessin.

Il viendra par conséquent à l'appui même de cette partie que l'auteur nomme topographie d'exécution ou pratique.

Mais puisque nous venons de prononcer le mot de dessin, disons avant de terminer que cet art est aussi important que nécessaire à l'homme qui veut avancer dans la science des armes. C'est par le dessin qu'il est instruit, c'est avec le dessin qu'il met ses études à profit. Il nous remet sous les yeux ces manœuvres inspirées par le génie, aux moyens desquelles *Alexandre*, *Turenne*, *Luxembourg*, *Henri de Prusse*, surent fixer la victoire dans leurs champs de batailles ; rien n'est perdu pour l'homme appelé par état à défendre sa patrie et son roi ; il devient, pour ainsi dire, contemporain des grands hommes de tous les siècles, il écoute leurs leçons, les suit dans leurs travaux. Avec *Epaminondas* il est à Mantinée, avec *Annibal* et *Bonaparte* il passe le Rhône, escalade les Alpes, avec *Henri*, *Frédéric*, *Schwérin*, il suit la victoire dans les champs de la Bohême et de la Saxe ; changeant d'élements, il combat à Salamine avec *Thémistocles*, attaque avec *Duylius* les Carthaginois, dispute avec *Auguste* l'empire du monde à Actium, vogue avec *Ruyter*, *Duguay-Trouin*, *Suffren*, *Rodney;* d'un seul coup d'œil embrasse leurs efforts et leurs succès. Si le dessin nous transmet la forme des divers objets, le lavis nous fait connaître la couleur dont ces objets sont revêtus, plus complétement que le dessin : il fait distinguer les diverses substances, le genre ou l'espèce des matériaux. C'est sur le dessin que le général et l'officier peuvent fixer et déterminer la marche de leurs armées, corps de troupes ou détachements. Il est donc essentiel à l'officier de savoir sur-le-champ tracer fidèlement les localités. Le dessin a son alphabet comme l'écriture, et il est d'autant plus essentiel de le suivre fidèlement que l'indication plus ou moins fidèle d'un terrain peut apporter à l'exécution de toutes manœuvres des changements nécessaires ou causer des erreurs dangereuses. Pour distinguer plus facilement toutes les parties du dessin qui représente des plans ou profils de fortification, il est d'usage de les marquer de différentes couleurs qui, les relevant pour ainsi dire, détachent les parties les unes des autres. L'art d'employer ces couleurs se nomme lavis, en sorte que laver un plan, c'est y mettre toutes les couleurs convenables pour y distinguer comme il faut chacune de ses parties.

Suivent les détails d'exécutions aujourd'hui modifiés, et pour lesquels il faut se rapporter aux traités de topographie militaire enseignés dans les écoles.

III.

MÉMOIRE

SUR LES PONTS MILITAIRES.

Il est indispensable d'avoir des ponts à la suite d'une armée, autrement elle pourrait être souvent arrêtée dans ses marches, et comme les eaux, qu'on est dans le cas de traverser, sont plus ou moins larges, plus ou moins rapides, l'on fait usage de plusieurs espèces de ponts.

Les ponts que l'on mène d'ordinaire à la suite des armées sont les ponts roulants, les ponts de bateaux, et les ponts de pontons. Ce sont de ces trois espèces de ponts dont je vais m'occuper le plus particulièrement. Les autres espèces de ponts, dont je me contenterai d'indiquer brièvement la construction et l'usage, sont ceux de cordages et de tonneaux; les ponts volants, les ponts de cordages snspendus, les ponts de chevalets, les ponts de pilotis, enfin les ponts de radeaux.

L'artillerie est chargée de la construction de tous ces ponts momentanés qu'on nomme militaires; les ponts de maçonnerie n'y appartiennent point.

Les bateaux sont destinés à la construction des ponts sur les fleuves ou sur les rivières larges et rapides; il leur faut une grande capacité, circonscrite par une forme avantageuse pour résister à la force des courants, afin de porter, sans être submergés, les fardeaux les plus lourds.

Les ponts de bateaux doivent pouvoir soutenir 3 milliers au moins. Les bateaux construits dans les arsenaux de l'artillerie doivent être figurés et dimensionnés d'après ces bases.

Ces bateaux se transportent sur des voitures nommées baquets, et leurs agrès sont portés sur des chariots à leur suite. Quand cela se rencontre, on saisit l'occasion de les faire aller par eau. Chaque bateau porte alors son baquet, les poutrelles, les madriers qui servent à le couvrir quand on fait le pont. On les assemble par quatre ou par huit, pour employer moins d'hommes à les conduire : on appelle cela un *train ;* on ne met qu'un gouvernail à chaque train. On les fait précéder de quelques nacelles pour sonder les fonds en avant.

La grandeur des bateaux les rendant fort embarrassants, on a, pour faire des ponts sur des rivières tranquilles et de médiocre largeur, des espèces de bateaux de cuivre, moins gros et plus faciles à manœuvrer, que l'on appelles pontons. Les ponts de pontons ne doivent être construits que sur des rivières sans courants rapides, larges au plus de 155m,92.

On transporte aussi les pontons sur des haquets qui portent avec eux les poutrelles et les madriers nécessaires à en former le pont.

On ne pourrait les conduire par eau, sur des rivières un peu rapides, à cause de leur forme qui présente trop de surface au courant: d'ailleurs le peu d'épaisseur du cuivre de leur garniture les exposerait à être brisés contre les rochers et à se froisser entre eux en les conduisant par trains comme les bateaux. Leur transport n'est praticable que sur les rivières les plus tranquilles : le ponton ne peut jamais porter son haquet, mais tout au plus, avec beaucoup de difficultés et infiniment de précautions, ses poutrelles et ses madriers, à cause de leur longueur, du danger de percer sa garniture et de la facilité de le faire.

Les pontons n'étant point propres à la navigation,

on est obligé d'avoir à leur suite quelques nacelles[1] ou petits bateaux pour passer sur la rive opposée les hommes, les agrès, etc., quand la construction ou les manœuvres du pont le demandent, enfin pour jeter et lever les ancres.

Les bateaux[2] et les pontons, lorqu'ils forment un pont, sont espacés entre eux à des distances proportionnées aux fardeaux qu'ils ont à supporter, en sorte que le poids soit partagé entre plusieurs bateaux ou pontons; s'ils étaient trop éloignés, le pont ne serait pas solide, le fardeau pourrait se trouver sur un seul bateau ou ponton, et le submerger. Le pont de bateau se forme deux tiers plein et un tiers vide; celui du ponton tant plein que vide[3].

Il serait sans doute impossible de rendre précisément raison du poids que peut porter un bateau ou un ponton pris dans un nombre qui forme un pont, puisqu'un pont forme un tout dont la liaison des parties entre elles augmente la force. Une charge sur le milieu d'un pont n'a pas l'eau seule pour lui faire

1. Les nacelles ont des haquets particuliers.

2. Les bateaux pour les ponts, construits dans les arsenaux de l'artillerie française, ont $12^{m},02$ de longueur développée, et pèsent 400 kil.

3. Mais généralement les ponts de bateaux et de pontons se forment tant pleins que vides; à moins que, n'ayant de plus fortes charges à leur faire porter, on ne veuille augmenter leur force en rapprochant davantage les bateaux.

résistance, mais encore la liaison des bateaux collatéraux à ceux où elle pèse ; le courant même qui se glisse dans les intervalles sert de voussoir, et, pressant en gros la convexité du pont, lui communique cette solidité qui donne aux reins d'une voûte le massif dont on la charge.

On peut cependant se rendre compte à peu près de la charge d'un bateau ou ponton, quand on sait qu'il peut être rempli d'eau sans submerger; ainsi calculant la capacité ou la quantité de mètres cubes qu'il peut contenir et en multipliant cette quantité par le poids de 0m,324 cubes d'eau commune qui est de 35 kilos environ, on résoudra le problème ; observant que, comme on est obligé de laisser un haut bord pour surnager, on doit défalquer ce massif du résultat. Ainsi l'on trouvera que, quoique la charge d'un bateau ne soit évaluée que 3500 ou 4000 kilos et celle d'un ponton 2000 ou 2500 kilos, ils peuvent supporter beaucoup davantage.

Les bateaux ou les pontons sont fixés dans la position déterminée pour le pont, avec des ancres. Si l'on n'en avait pas la quantité nécessaire à leur solidité, on pourrait se servir de pilotis, de blocs de pierre, dans lesquels on scelle des anneaux à pitons de fer ou de grands paniers d'osier ou de cordes en forme de cônes, remplis de pierres, auxquels on amarre des cordes; mais cette dernière méthode ne peut servir que sur un fond vaseux [1].

Lorsque l'on veut ponter les bateaux, on les garnit de poutrelles qui ont 0m,13 ou 0m,16 d'équarissage, et 9m,094 de long. Celles des pontons ont un échantillon moins fort (0m,12), ayant moins de longueur, ceux-ci étant plus rapprochés. Les poutrelles se couvrent de madriers, parce que l'on nomme ainsi toute planche qui a plus de 0m,04 d'épaisseur. La longueur des madriers détermine la largeur du pont; ceux des bateaux ont communément 5m,52, ceux des pontons en ont 4m,22 (Fig. 5, 6, pl. I).

Ces notions préliminaires suffisamment éclaircies, passons à la construction des divers ponts; ce qui demande plus de talent, de soins, d'activité qu'on ne l'imagine; car à chaque pas on trouve des ruisseaux, des rivières, et souvent l'on manque de ressources.

I.

Construction des Ponts de bateaux.

L'officier détaché pour construire le pont, ayant

1. Pour mieux contenir encore les bateaux ou pontons, on amarre deux cordages en croix, ou plutôt en sautoir, d'un bateau ou ponton à l'autre, de même qu'au rivage, avec de forts piquets, ce qu'on appelle *écharpe*; pour lors il ne faut qu'une cinquenelle. La cinquenelle est une câble de 0m,04 de diamètre, qui traverse la rivière et est arrêtée à chaque bord avec un cabestan ou vin-

reconnu la largeur de la rivière, supputera le nombre de bateaux, d'ouvriers, dont il a besoin, et déterminera son emplacement. L'emplacement choisi, on met les bateaux à l'eau [1], et on dispose les agrès sur la rive, espèces par espèces.

Le terrain de l'entrée et de la sortie du pont doit toujours être le plus accessible et le plus commode possible pour l'abord des troupes et des convois. On doit éviter les fossés, les ravins, ce que l'on peut facilement faire en choisissant son emplacement un peu plus haut ou un peu plus bas. Lorsque l'emplacement convenable est trouvé, on élève ou on abaisse le terrain de la rive dans une rampe douce, qui doit être à peu près de niveau avec le plat-bord des bateaux [2], et on assure cette rampe solidement avec des fascines et

dax, pour pouvoir le tendre plus ou moins au besoin. Quelquefois et le plus communément il y en a deux, une au-dessus et au-dessous du pont. On amarre aux cinquenelles chaque bateau avec des cordages, qu'on fait passer dans des trous percés à leurs bordages à 0^{m},64 des extrémités du corps du bateau. Par ce moyen, si les ancres viennent à chasser, le pont ne sera ni rompu ni emporté par le courant. Mais alors on ne pourra plus faire de coupures ou il faudra élever de beaucoup les cinquenelles et faire passer par dessus les cordages des ancres (Fig. 5, 6, 7, pl. I).

1. On fait entrer les haquets dans la rivière pour les décharger plus facilement; il faut alors mettre en rampe de 8^{m},12 de large un endroit de la rivière, pour entrer et sortir sans confusion, et l'étendre jusqu'au lieu où les haquets auront au moins 0^{m},16 d'eau au-dessus des sellettes.

2. Si le terrain est mouvant, fangeux, on fait un chevet de fascines, plus large que l'entrée du pont, pour mieux en assurer les avant-bouts.

des piquets. Ce travail s'appelle faire *la culée du pont*.

On place à 1^{m},94 de distance de l'eau et l'on fixe avec des chevilles, parallèlement au courant de la rivière, quelques madriers pour servir d'appui solide aux premières poutrelles du pont que l'on y clamaude. Quand le fond ne permet pas de faire approcher le premier bateau au moins à 4^{m},22 de la rive, on met un chevalet, et on l'enfonce (s'il est nécessaire) pour qu'il soit de niveau avec le plat-bord du premier bateau quand il sera chargé. Au reste, c'est la distance des bateaux entre eux qui détermine celle du premier bateau *à la culée*. Lorsque les bateaux sont d'inégale grandeur, on conserve les plus gros pour les placer au plus fort du courant.

Quand les bateaux sont inégaux, il faut, pour que le dessus du pont soit sans ressaut, placer un chevalet[1] dans le centre de gravité de chaque bateau. Tous ces chevalets doivent être égaux, et placés dans le

1. Le chevalet est composé d'un grand seuil et d'un chapeau de 6^{m},17 de longueur; de deux autres petits seuils posés en croix vers les extrémités du grand, le tout entretenu par 7 entretoises et 4 liens.

Tout ces bois sont de 0^{m},16 d'équarrissage, hors les liens qui ne sont que de 0^{m},10 sur 0^{m},13.

Les chevalets sont fixés sur le fond du bateau avec des taquets cloués, dont les broches n'entrent que de 0^{m},04, pour ne pas percer les madriers en entier.

On met sur les chevalets, entre deux bateaux, 7 longerons sur

sens de la longueur du bateau : leur dessus doit être de $0^{m},21$ plus haut que le niveau des plats-bords.

L'intervalle entre deux bateaux pontés ensemble doit être double de la largeur d'un bateau.

Pour éviter toute confusion, j'appellerai premier bord du bateau celui qui est du côté où l'on commence le pont ; le second bord, celui qui est du côté où l'on veut aborder. On fait approcher le premier bateau, on l'amarre par les deux bouts avec un cordage fixé d'un côté au bateau, et de l'autre à un piquet planté à $3^{m},898$ ou $5^{m},847$ en dessus ou en dessous de la culée; et l'on place les poutrelles qui doivent porter le tablier du pont, dont on clamaude le bout sur les madriers dont j'ai déjà parlé. Ces poutrelles doivent dépasser de $0^{m},324$ le plat-bord du bateau opposé au rivage où l'on commence le pont : ces poutrelles sont également espacées, bien perpendiculaires aux plats-bords des bateaux. Les poutrelles extrêmes doivent être arrêtées avec quatre crampons qui sont fixés au bateau inté-

un intervalle de $5^{m},19$ de longueur, qui est la distance entre les chevalets, et on les fait déborder aux deux bouts, d'environ $0^{m},81$, ce qui fait $6^{m},70$ de longueur que doivent avoir les longerons.

On fixe les longerons sur les chevalets au moyen de taquets, cloués en dessous avec des broches de $0^{m},13$ à $0^{m},16$ pouces.

Les longerons ont $0^{m},16$ à $0^{m},18$ d'équarrissage, et doivent être de brin.

Les madriers ont $5^{m},19$ de longueur, $0^{m},32$ de largeur et $0^{m},05$ d'épaisseur.

Tous ces bois doivent être de sapin.

rieurement et piqués dans le côté extérieur de ces poutrelles dont elles déterminent l'écartement. On couvre de madriers les poutrelles depuis la culée jusqu'à environ $0^m,64$ du premier plat-bord du premier bateau ; pendant qu'on couvre, on fait avancer le second bateau vis-à-vis le premier. On le couvre de ses poutrelles de la même manière que le premier ; c'est-à-dire qu'on les fixe à son second plat-bord qu'elles doivent dépasser de $0^m,324$ seulement. On éloigne alors le bateau jusqu'à ce que ses poutrelles ne dépassent plus que de $0^m,324$ le premier bord du premier bateau, sur lequel elles doivent s'appuyer. On observe que les poutrelles soient toutes en dessus ou en dessous de celles du premier bateau ; on fait joindre ces secondes poutrelles à celles du premier bateau, et on les lie ainsi jumellées au moyen de deux crampons placés à $0^m,487$ du bout de chacune : par là les bateaux seront contenus et conserveront la distance qu'on leur a donnée.

On amarre ce deuxième bateau, comme le premier, à des arbres ou des piquets plantés sur le rivage en dessus ou en dessous de la culée, mais qui soient plus éloignés de cette culée que ceux du premier bateau. On amarre entre eux ces deux bateaux avec quatre cordages nommés amarres. On en fait passer deux, qui se croisent, par des trous faits à leurs bordages à 0m,162 des extrémités du corps des bateaux : et on attache les deux autres à leur poupée.

On continue à couvrir de madriers les poutrelles placées, jusqu'à environ 0m,64 du premier plat-bord du deuxième bateau ; et l'on fait approcher le troisième bateau vis-à-vis le deuxième. On observe de placer toutes les poutrelles du troisième bateau comme celles du premier, toutes au-dessous de celles du deuxième bateau ; ce qu'on doit continuer de faire jusqu'à la fin du pont, de manière que les poutrelles des bateaux pairs soient toutes en dessus ou toutes en dessous de celles des bateaux impairs. Ensuite, on cramponne ces poutrelles avec celles du second bateau ; l'on amarre le troisième au deuxième, comme le deuxième l'a été au premier. On continue à couvrir successivement, et l'on achève le pont en suivant les mêmes procédés. Parvenu à la rive opposée, on y forme une culée semblable à la première, et l'on amarre au rivage les deux derniers bateaux, comme on a fait aux deux premiers.

Si les poutrelles du dernier bateau n'arrivent pas bien exactement à la rive opposée, ou que, ne débordant pas assez sur la culée, leur portée trop longue les mette dans le cas de plier, et ôte au pont sa solidité dans cette partie, tâchez de placer encore un bateau ; si cela n'est pas possible, on y met un chevalet, sur lequel on fait porter les poutrelles du dernier bateau, que l'on y fixe par des chevilles, ou crampons, et l'on ajoute contre celles-ci de nouvelles poutrelles, qui portent alors jusque sur la culée; on les cramponne ensemble comme celles des bateaux.

Au défaut de chevalet, quelques pilotis, sur la tête desquels on met une forte traverse, tiendront lieu d'un chapeau de chevalet.

A 58^{m},47, 77^{m},96 ou 97^{m},45 au-dessus du pont, on jette les ancres pour le contenir ; deux à trois bateliers dans une nacelle doivent le faire (avec quatre hommes de secours) à mesure qu'on place les bateaux.

La distance où on jette les ancres dépend de la profondeur de la rivière : plus cette profondeur est considérable, plus on doit les jeter loin des bateaux, On en met en dessus et en dessous du pont, pour l'empêcher de flotter. En dessus du pont, il en faut une alternativement à chaque bateau non amarré au rivage. En dessous, on en met la moitié moins, et on les amarre aux mêmes bateaux où l'on a amarré celles du dessus.

Il faut que la ligne de tir des câbles d'ancre soit suivant le courant de l'eau. L'angle le plus petit que puisse faire le cordage d'ancre avec le lit de la rivière est le plus avantageux, parce que la direction du cordage se rapproche alors le plus du parallélisme de la direction des forces, qui tendent à entraîner le bateau. Les cordages d'ancre doivent faire des angles égaux avec la superficie de l'eau. Si la rivière a $6^m,72$ de profondeur, un cordage d'ancre de $58^m,47$ sera de longueur suffisante, et fera avec le fond de la rivière un angle de 6°,42'.

Les cordages d'ancre bien ou mal placés décident de la force du pont, quand on ne parle que des efforts qu'il a à vaincre de la part du courant.

Pour donner au pont plus de solidité, au plus fort du courant, faites-lui faire un coude opposé à ce courant, pour lui résister mieux. On conserve ce coude, que la rapidité des eaux détruit peu à peu, en tirant de temps à autre sur les ancres des bateaux qui le forment, pour les remonter à leur première position.

Pour augmenter encore la solidité du pont, on place deux cinquenelles, l'une en dessus, l'autre en dessous de lui ; elles traversent toute la largeur de la rivière.

On a proposé, pour les rivières peu larges, de commencer à placer les cinquenelles au-dessus du pont, et d'y amarrer les bateaux à mesure qu'on le forme. Mais les bateaux venant ordinairement suivant le cours de l'eau, quelque bien tendue que soit la cinquenelle, elle les gênera toujours pour venir prendre leur position.

Quand le pont est fini, on forme une espèce de garde-fou, en plaçant de chaque côté et vers le bout des madriers un double rang de poutrelles, de manière qu'elles correspondent avec les poutrelles extrêmes qui reposent sur les bateaux. On embrasse ensemble ces quatre poutrelles avec un cordage de 2^{m},268 à 2^{m},592 de longueur, que l'on fait passer au défaut des plats-bords, entre deux madriers, dans l'intérieur du bateau. On brêle fortement ce cordage avec un levier qu'on arrête au-dessus des poutrelles avec un crampon. Ce brêlage, répété deux fois à chaque bateau, donne une très-grande solidité au pont, et empêche surtout les madriers de se déranger, quand les voitures passent dessus ou quand on veut lui faire faire un quart de conversion.

Un pont de bateaux doit se faire en un jour. Il faut cinq heures pour décharger et jeter à l'eau quatre-vingt bateaux; deux heures pour appareiller, s'embarquer, passer, aborder et débarquer. Ainsi, il faut calculer sept heures au moins pour construire un pont de bateaux.

Pour 389^{m},807, il faudra quarante bateaux, plus cinq pour les approvisionnements nécessaires.

Pour ne pas interrompre la navigation, on fait au pont une coupure qui peut s'ouvrir et se fermer toutes les fois qu'il est nécessaire. Cette coupure consiste en deux ou trois bateaux pontés ensemble, qui ne sont liés avec le reste du pont que par de fausses poutrelles, non cramponnées avec les poutrelles adjacentes. Ces fausses poutrelles ont $5^m,18$ de longueur et $0^m,142$ d'épaisseur, c'est-à-dire $0^m,006$ de moins que les autres poutrelles, afin de glisser plus aisément sous le tablier du pont. L'interruption du pont s'appelle coupure, et les deux ou trois bataux pontés ensemble s'appellent la portière.

On choisit pour la coupure l'endroit de la rivière où il y a le plus d'eau et où le courant soit le plus rapide, les bateaux y trouvant plus de facilité à leur passage. Supposons que cet endroit se trouve après le troisième bateau; vis-à-vis de lui on place les bateaux déjà pontés qui doivent former la portière : on les rapproche de ce troisième, à $0^m,64$ ou $0^m,97$ de distance, de façon que leurs poutrelles soient bout à bout les unes des autres. On amarre, comme on l'a décrit ci-devant, les bateaux du pont à ceux de la portière; et on place entre leurs poutrelles 5 fausses poutrelles, non cramponnées, qui, s'appuyant sur le troisième et quatrième bateau, leur servent de liaison et de point d'appui.

On joint de la même manière l'autre côté de la portière au bateau suivant.

On amarre à une ancre chacun des bateaux contigus à la coupure, pour conserver la même solidité au pont.

On amarre à une ancre un des bateaux de la portière, pour qu'en filant dessus on puisse ouvrir le pont.

Pour ouvrir le pont on découvre l'endroit des jointures de la portière avec les bateaux contigus en ôtant 5 à 6 madriers à chaque jointure. On passe en arrière, dans les bateaux fixés, les fausses poutrelles; on détache les cordages qui tiennent les bateaux de la portière liés à ceux du pont, qui leur sont contigus. On laisse aller la portière au courant, en filant sur le câble de son ancre; lorsqu'on est descendu à quelques mètres du pont, on se range à côté pour laisser le passage libre.

Pour fermer le pont on fait une manœuvre contraire à la précédente.

II.

Du quart de conversion.

Si l'on suppose que l'ennemi s'avance vers la rive droite de la rivière et que l'on veuille en conséquence replier le pont sur la rive gauche : voici les précaucautinn à prendre pour cette manœuvre.

1° Le pont doit être construit de la manière la plus

solide, et telle qu'on vient de le décrire. S'il y a une coupure il faut cramponner les fausses poutrelles aux poutrelles contigues, pour que la portière fasse corps avec le pont. 2° Il faut que le bateau de chaque extrémité du pont ne soit lié que par de fausses poutrelles au bateau qui les suit, parce que, ces 2 bateaux ne devant pas tourner avec le reste du pont, il sera plus aisé de les en détacher.

On attache au pénultième bateau de la droite et à chaque bout un cordage (une ou plusieurs grandes mailles) ; on les fait passer sur la rive gauche l'un en dessus, l'autre en dessous du pont, respectivement au bout du bateau où chacun est fixé. On place 10 à 12 hommes en dessus du pont et autant en dessous, à une distance égale à la longueur du pont, pour tenir ces cordages et tirer dessus quand il le faudra.

Si le pont n'est que d'une vingtaine de bateaux, on amarre le troisième bateau de la gauche par une grande maille à un fort piquet, planté à $58^{m},47$ ou $77^{m},96$ au-dessus du pont, sur la rive gauche et le plus près du bord qu'il est possible, pour que le tir se fasse moins obliquement. Si le pont était de 36 à 40 bateaux, on amarrerait au piquet le cinquième ou sixième bateau; car le pont devant tourner beaucoup plus vite par la droite que par la gauche, il faut pouvoir le contenir au moyen de ce cordage : plus le pont sera long, plus la gauche aura besoin d'être soutenue; ce qui devient moins difficile à mesure qu'on rapproche du milieu le cordage qui sert comme de pivot ou de point d'appui.

On place obliquement et en se rapprochant du bord de la rivière les vindax ou cabestans de la rive gauche, de manière que leur ligne de tir fasse à peu près un angle de 45° avec le courant de la rivière; on retient cependant les cinquenelles toujours tendues.

On détache le dernier bateau de chaque bout du pont, en suivant la même manœuvre qu'on a décrite pour ouvrir la coupure.

On détache sur la rive droite les cinquenelles de leur cabestan.

On tire sur le cordage attaché au pénultième bateau de droite et qui va sur la rive gauche au-dessous du pont... On lâche tous les câbles des ancres, sur lesquels on file en se laissant aller au courant, à mesure que la droite du pont commence à descendre. On lâche aussi insensiblement le cordage qui soutient la gauche, ainsi que les cinquenelles qui tiennent aux vindax de la rive gauche, jusqu'à ce que le pont soit tout à fait replié sur cette rive, et on soutient la droite du pont par le cordage qui va du pénultième bateau sur la rive gauche au-dessus du pont, afin que le mouvement se fasse d'une manière uniforme.

Cette manœuvre donne à une arrière-garde la facilité de se retirer, après avoir combattu jusqu'à la dernière extrémité, parce qu'il ne faut qu'un quart-d'heure pour l'exécuter, si l'on a eu deux ou trois heures d'avance pour s'y préparer. Elle est toujours praticable, même sur une rivière très-large et très-rapide; cependant elle manque souvent, et a fait perdre plusieurs ponts.

Pour remonter le pont à sa première place, on fait une manœuvre contraire à la précédente. 1° On passe sur la rive droite les cordages amarrés au pénultième bateau de ce côté, devenu premier, et les hommes qui manœuvraient ces cordages : celui qui était tiré par les hommes au-dessus du pont le serait du vis-à-vis, et l'autre serait tiré par des hommes qui remonteraient le long de la rivière, à mesure que le pont remonterait aussi. 2° On repasse sur la rive droite les cabestans, etc., qui y étaient, et on y amarre de nouveau les cinquenelles ; on replace les cabestans de la rive gauche comme ils étaient avant leur seconde position, et on retend peu à peu les cinquenelles. 3° Il faut enfin remonter les bateaux à leur première place, en tirant sur le cordage des ancres qui sont au-dessus du pont. Ces trois manœuvres doivent se faire à la fois, peu à peu, et avec beaucoup d'ensemble, pour ne pas rompre le pont, qui souffrira beaucoup, malgré ces précautions.

La manœuvre de faire remonter le pont à sa première position est très-difficile; quoiqu'on l'ait exécutée plusieurs fois avec succès à Strasbourg, sur un bras du Rhin assez considérable, on ne se flatte point de pouvoir la faire sur le grand Rhin ou sur toute rivière d'égale grandeur, dont le pont aurait plus de vingt à vingt-cinq bateaux.

Il sera toujours plus prudent, si l'on est dans le cas de remonter un pont à sa première position, de le faire par deux ou quatre bateaux (et même par six ou huit) pontés ensemble, qu'on fera placer successivement. Cela s'appelle construire un pont par travée; on le replie aussi de même. De cette manière on en abrégera la construction sans courir aucun risque. Il sera même utile de suivre cette méthode toutes les fois qu'on sera pressé de construire un pont; et alors qu'on sera à portée du confluent d'une rivière où l'on pourra mettre plus commodément à l'eau les bateaux et former ces différentes travées.

III.

Pont de pontons.

Le pont de pontons se construit tant plein que vide. Il faut un ponton par 3m,24; ainsi la largeur de la rivière fixera la quantité des pontons nécessaires. Elle doit avoir au plus 136m,43 à 155m,92 de large, et être peu rapide, si elle a cette largeur.

L'emplacement du pont déterminé, les pontons étant rangés à portée sur la rive, ou si les haquets ne peuvent s'en approcher suffisamment, les poutrelles et les madriers étant empilés sur cette rive, on procède à la construction du pont; ayant l'attention, soit pour construire, soit pour replier le pont, que les soldats ou ouvriers qui portent les poutrelles et les madriers marchent sur une seule file, venant d'un côté de la largeur du pont, et retournant dans le même ordre par l'autre côté.

Si la rivière est encaissée, on fait pratiquer plusieurs rampes faciles, afin qu'on puisse amener les haquets le plus près de l'eau possible ; on décharge les pontons en arrière, en les faisant couler de dessus les haquets ; puis les mettant sur des rouleaux, on les fait glisser tout de suite dans la rivière, plaçant dans chaque un ou deux ouvriers qui les manœuvrent. La culée se fait, comme aux ponts de bateaux, en abaissant ou en exhaussant le terrain au niveau des plats-bords des pontons mis à l'eau. Ce terrain, rendu horizontal et bien affermi, se couvre vers le bord avec quelques madriers.

On range le premier ponton parallèlement à la culée à 1^m,68 de la rive ; on place sur le ponton six poutrelles [1] qui le traversent en entier ; d'un côté portant sur le second plat-bord, et de l'autre sur la culée ou sur un chevalet, si la rive est trop plate pour la flottaison du ponton [2].

Le deuxième ponton se place de même parallèlement au premier, à 1^m,62 de distance. On le couvre de ses poutrelles, qui aboutissent d'un bout au premier-plat bord du premier ponton, et de l'autre restent sur le second plat-bord du deuxième ponton ; ainsi chaque ponton se trouve traversé par ses poutrelles et par celles du ponton que l'on place après lui ; le troisième ponton se place de même, et ainsi

1. Il y a 7 poutrelles sur chaque haquet, mais la septième est pour les culées et les rechanges.

2. Si la rive est trop plate, le ponton ne pourra être à flot qu'à une certaine distance ; alors les poutrelles seraient trop courtes. On les fait donc porter sur un chevalet mis entre la culée et le ponton, et d'autres poutrelles porteront sur le chevalet et sur la rive ; car il faut toujours éviter que le ponton touche le fond de la rivière pour qu'il ne soit pas crevé. Il faudra quelquefois plus d'un chevalet ; si la rive est excessivement plate et que le ponton ne puisse s'approcher que de 5^m,00 de la culée, il en faudra deux, etc. Il faut que le poutrelles n'aient que 1^m,62 de portée.

de suite. On observe seulement que, si les poutrelles du premier ponton sont en dessus de celles du second, celles du troisième et de tous les pontons impairs doivent être au-dessus de celles du deuxième et de tous les pontons pairs. La deuxième culée se fait comme la première. A mesure que l'on place les pontons, on les couvre de leurs madriers jusqu'à 0^m,64 du dernier placé (Fig. 5, 7, pl. 1).

On amarre ensemble les pontons par deux câbles qui se croisent.

On jette les ancres à mesure que l'on place les pontons ; on en met une par quatre pontons, du côté du courant, et une par six pontons de l'autre côté [1]. Il y a la même observation à faire pour la position des ancres qu'à celles des ponts de bateaux. Si le courant est rapide, dans l'endroit où il l'est le plus on fait former un coude au pont, pour qu'il résiste mieux aux efforts de l'eau. On forme ce coude en tirant plus ou moins sur les cordages des ancres qui tiennent aux pontons qui sont dans le courant.

Arrivé à la rive opposée à celle où l'on a commencé le pont, on attache à un arbre ou à des pieux soli-

1. Les ancres attachées aux pontons les font baisser, ce qui tourmente le pont et nuit à sa solidité ; il vaudra mieux, s'il n'y a pas de coupure, ou s'il ne doit pas faire de quart de conversion, amarrer la cinquenelle aux cordages d'ancres, surtout dans les rivières rapides.

dement enfoncés un bout de la cinquenelle que l'on tend fortement avec un cabestan placé sur la rive d'où l'on était parti [1]. On amarre les pontons avec les commandes, ou plutôt(car ces cordages ne sont plus guère d'usage) on attache ces pontons à la cinquenelle avec le restant des amarres qui les unissent entre eux. Le nœud doit être fait en ganse pour pouvoir détacher promptement les pontons.

Si l'on était maître des deux rives, en commençant par tendre la cinquenelle, on aurait plus de facilité pour construire le pont, que l'on pourrait alors commencer des deux côtés à la fois ; ce qui ne demande qu'une connaissance exacte de la largeur de la rivière.

IV.

Coupure du Pont.

Si la rivière est navigable, on laisse vers l'endroit le plus usité pour son passage une coupure de deux ou trois pontons liés ensemble (suivant la grandeur des bateaux dont on se sert sur cette rivière). Ces pontons forment un pont volant qui, filant au besoin sur son ancre et se rangeant de côté, laisse le passage libre. Il

1. La cinquenelle doit être tendue tout au plus à $1^m,62$ de l'extrémité des pontons.

faut aussi, dans ce moment, lâcher la cinquenelle ; quand on veut fermer la coupure, on tire sur le cordage d'ancre de la portière jusqu'à ce qu'elle soit remontée à sa place.

Les pontons de la portière ne sont liés aux pontons contigus du pont que par de fausses poutrelles qui ont quelques millimètres d'épaisseur de moins que les poutrelles ordinaires pour glisser plus aisément sous le tablier du pont, lorsque l'on voudra ouvrir la coupure.

V.

Quart de conversion.

Si l'on voulait, par un quart de conversion, replier le pont sur la rive gauche, on commence par enlever les poutrelles et madriers du pont adjacent à chaque culée ; on retire ces pontons pour laisser au pont tout le jeu nécessaire [1].

On attache ensuite un cordage au deuxième ou troisième ponton (suivant la longueur du pont) que l'on amarre à un fort piquet planté à 11^{m},69 ou 15^{m},59 au-dessus du pont, le plus près du rivage possible.

On ôte les cinquenelles, on peut se contenter de les

1. S'il y avait une coupure, on lierait les fausses poutrelles de la portière par des crampons aux poutrelles adjacentes des pontons contigus, pour faire corps avec lui.

délier sur le côté droit. On détache les cordages des ancres, sans les lever, et on laisse sur chaque travée du pont, vis-à-vis chacun de ces cordages, deux, trois ou quatre hommes (suivant le courant) pour soutenir le pont et l'empêcher de fléchir inégalement.

Au moment où la partie droite du pont commence à se mettre en mouvement, et le pont à tourner, on lâche doucement et peu à peu le cordage amarré au deuxième ou troisième ponton de gauche et à un piquet. Si l'on n'avait point de piquet, et que l'eau ne fût point rapide en cet endroit, on pourrait se contenter de faire tenir ce cordage par quelques hommes placés sur la rive gauche au-dessus du pont.

Pour hâter les parties du pont qui sont dans les eaux dormantes on amarre les pontons de ces parties tardives à des nacelles qui les précéderont et iront à rames : la grande attention que l'on doit avoir dans cette manœuvre est que le pont ne fléchisse pas et tourne en masse.

Si le pont ne doit plus se refaire en cette position, on fait retirer les ancres. On ne peut guère remonter les ponts de pontons à leur première position sans risquer de les endommager beaucoup.

VI.

Replier un pont de pontons.

Pour replier le pont de pontons on fait atteler les haquets, et on les fait approcher en ordre du bord de la rivière ou du moins jusqu'au haut de la rampe. On retire les madriers, les poutrelles qui couvrent les pontons, en commençant par ceux du côté que l'on veut abandonner. On détache successivement des cinquenelles les pontons découverts, on les approche du bord que l'on occupe; et on les charge avec leurs agrès sur les haquets. En repliant le pont devant l'ennemi, pour éviter la confusion que son feu bien dirigé pourrait occasionner dans le chargement, on met les haquets dans un lieu éloigné de la rive et à couvert, s'il se peut; on ne fait approcher du bord que deux haquets à la fois : et dès que l'un est chargé on le fait partir et remplacer par un autre [1].

VII.

Soins qu'exigent les ponts.

On fortifie la tête des ponts sans embrasser trop de

1. On peut construire et replier un pont par travée, ce qui accélère les manœuvres. On ponte ensemble de deux en deux, ou

terrain. La fortification de campagne indique les règles dont il ne faut pas s'écarter.

Si les ponts doivent rester longtemps construits, on visite souvent les bateaux ou pontons et agrès : on fait relever de temps en temps les ancres, qui, s'enterrant peu à peu, finiraient par ne pouvoir plus être retirées.

Pour éviter de relever les ancres, quand le pont doit subsister longtemps, on plante au lieu d'ancres des pilotis où on amarrera les cordages nécessaires à la stabilité du pont. Pour planter ces pilotis, il faut une sonnette disposée et équipée sur deux bateaux pontés ensemble.

Il faut dans tous les ponts des ouvriers sans cesse occupés à égaliser avec des masses les madriers dérangés par le passage, et des bateliers pour les égouter.

On fait visiter souvent les pontons par les chaudronniers. On tâche d'avoir une pompe, si l'on peut, pour les accidents.

On n'ouvre les ponts que le moins possible, parce que cette manœuvre les dérange toujours : on attend pour le faire qu'il y ait plusieurs bateanx à laisser pas-

de quatre en quatre, tous les pontons, puis on réunit toutes ces différentes portions de pont qu'on appelle travées pour former le pont. On morcelle de même un pont, en séparant de deux en deux, ou de quatre en quatre, les pontons qui le composent, puis on amène au rivage ces différentes travées qu'on y achève de découvrir.

ser. On fait reconnaître et arrêter ces bateaux avant qu'ils soient en mesure de nuire, pour qu'on ait le temps d'ouvrir la portière.

Si le pont est construit vers quelque embouchure de fleuve sujet au flux et reflux, on l'assure entre deux cinquenelles, et on retient les bateaux ou pontons par une ancre à chaque bout. Quand le flot se fait sentir, on tend fortement la cinquenelle qui doit faire résistance, ainsi que les cordages d'ancre qui sont de ce côté. On manœuvre de même sur l'autre cinquenelle à marée descendante. Il faut pour ces ponts des ouvriers qui veillent continuellement aux accidents très-fréquents qui leur arivent. On doit avoir à portée, sur la rive, un dépôt de madriers de rechange, dont quelques-uns soient coupés en coin, pour les placer entre les madriers désunis; mais il ne faut les mettre qu'aux culées, et tenir joints les madriers du reste du pont, quoique obliques sur les poutrelles ; parce que ces madriers en coin sortent toujours de leur place par les manœuvres du pont, et, outre les accidents qui peuvent résulter de la disjonction des madriers, c'est qu'elle amène bien vite leur destruction, leurs arrêtes étant rongées par les pieds des chevaux en très-peu de temps.

On place deux sentinelles aux deux bouts des ponts, et de distance en distance, pour faire exécuter à la rigueur es consignes précises qu'on veut leur donner.

On ne laisse point défiler sur les ponts en même temps une colonne de voitures et une colonne d'infanterie, parce que le fantassin ne marche point avec assurance à côté des voitures, à cause que leur poids fait onduler le pont, dérange les madriers, et qu'il craint que les chevaux ne le heurtent en se déviant à droite ou à gauche. Ce n'est même que sur les ponts construits avec des bateaux du pays, bateaux plus grands que ceux qu'on traîne à la suite des armées, qu'on peut faire défiler deux colonnes d'infanterie à la fois ; et, dans ce cas, on fait une séparation dans le milieu du pont.

On ne laisse jamais passer sur un pont plusieurs voitures à la fois, mais successivement et à une certaine distance l'une de l'autre, pour qu'elles ne le chargent pas trop ; par conséquent, deux voitures ne doivent jamais se croiser sur un pont.

La cavalerie doit passer à pied sur un pont, tenant ses chevaux par la bride, marchant dans le milieu du pont, sur deux ou trois hommes au plus de front. Un cavalier ne doit jamais y passer en trottant, quand même il serait seul.

On ne laisse jamais passer les troupeaux de bœufs sur un pont de pontons, parce qu'ils se mettent en masse et qu'ils submergeraient le pont.

Les pièces de 24 et de 16, ni les voitures équipesantes ne peuvent être supportées par un pont de pontons sans risques, quoiqu'en redoublant les poutrelles du tablier on ait réussi à les y faire passer quelquefois.

Si la rivière sur laquelle est votre pont charie des arbres, etc., à cause des torrents qui s'y jettent, on place une garde au-dessus du pont, qui arrête ces objets dangereux ou avertit de leur venue : mais on ne doit guère compter sur le seul moyen d'amortissement ; il n'est presque jamais assez prompt.

Si le pont est à portée de l'ennemi, on met une garde au-dessus et au-dessous, qui arrête tout ce qu'il pourrait envoyer pour le rompre ou l'endommager.

Pour les objets chariés par les eaux, on a de petits batelets qui se tiennent à portée des courants ; on va au-devant de ces objets, on les accroche à des grappins tenus par des cordages fixés sur la rive, et l'eau y pousse d'elle même ces objets.

Pour la glace, il faut la rompre à mesure qu'elle se forme autour des bateaux, pontons, etc. ; et dans le dégel garantir les bateaux, les cordages, ou plutôt replier le pont à propos.

Quand les ponts sont faits avec les bateaux du pays, on les brûle d'ordinaire en les abandonnant, si on se retire devant l'ennemi. On doit garder un grand secret sur ce projet, de peur que les bateliers, pour se les conserver, ne les fassent couler à fond, en les perçant avec une tarière. Au reste, il faut être très-sûr de n'avoir plus besoin de ponts, être dans une situation désespérée, ou s'en promettre un avantage bien important, pour prendre le parti de les brûler.

VIII.

Ponts roulants.

Le pont roulant est une voiture composée de deux trains réunis par une flèche, qui porte tous les agrès nécessaires à sa construction. C'est sur ces deux trains, qui font l'office de chevalets, que l'on établit les travées du pont. On ne peut construire cette espèce de pont que sur des ruisseaux ou petites rivières, qui auront tout au plus $1^{m},88$ de profondeur[1].

Arrivé sur le bord, à l'endroit choisi, on conduit le pont dans la rivière, en gouvernant le timon, jusqu'à ce que les poutrelles de l'avant puissent porter sur le rivage ; pour éviter tout balancement, il serait plus à propos de ne placer les poutrelles que quand la voiture est placée dans la rivière. Avant de couvrir le pont, il faut examiner si les poutrelles sont bien de

1. Le développement total du pont étant de $16^{m},63$, si la rivière est plus large, il faudra y ajouter des chevalets ou employer plusieurs ponts roulants.

niveau. Les culées se forment suivant les règles déjà prescrites.

Si la largeur de la rivière exige un deuxième pont roulant, on fait passer le deuxième pont roulant sur le premier, au moyen de deux coulisses, qui sont des espèces d'angets, dans lesquels peuvent rouler les roues; et on le descend dans la rivière, à la distance convenable, pour que les poutrelles puissent porter des supports de derrière du premier pont au support de devant du deuxième : ces deux supports doivent être à peu près de niveau, et on les couvre de madriers.

La manœuvre pour replier ce pont est très-facile et bien aisée à concevoir.

IX.

Ponts de chevalets.

OBSERVATIONS PRÉLIMINAIRES.

On n'établit les ponts de chevalets [1], autant qu'il

1. Le chevalet a cela de commode qu'il se démonte. La hauteur du chevalet est ordinairement de $1^m,94$, la longueur de son chapeau du $5^m,18$, la longueur des poutrelles et madriers $2^m,14$; si les chevalets doivent être portés à dos de mulets, on réduit la longueur des chapiteaux à $3^m,87$ ou $4^m,20$. Si les chemins sont encaissés ou tournants, on réduit de même les madriers et poutrelles à $3^m,50$. Alors on porte un ou deux chevalets de plus par équipage de 12 chevalets, avec leur assortiment, parce qu'alors ces chevalets ainsi réduits ne peuvent pas être espacés au-delà de $3^m,00$. Il faut que l'assemblage des pieds du chevalet soit à queue d'hironde, que celui des traverses soit fait carrément, qu'il n'y

est possible, que sur des rivières tranquilles, qui n'ont que $1^m,299$ de profondeur, parcequ'il faut $0^m,64$ de distance entre la hauteur moyenne des eaux et le dessous du tablier, pour que ce tablier ne soit pas soulevé et emporté par les crues ordinaires, et parce que les chevalets qui ont plus de $1^m,94$ de hauteur sont difficiles à placer [1].

Il ne faut pas espacer les chevalets à moins de $2^m,92$, pour laisser passer aisément les objets que les eaux charient, ni à plus de $3^m,88$, parce que les poutrelles auraient trop de portée, et les chevalets seraient trop difficiles à mouvoir; encore, dans ce dernier cas, faut-il employer les poutrelles des ponts qui ont $4^m,53$ de longeur. En général le pont doit-être construit relativement aux fardeaux qu'il doit supporter; ce sont eux qui donnent la mesure des précautions à prendre, soit pour l'équarrissage des bois, soit pour

ait que des chevilles de bois coniques et saillantes, pour qu'on puisse les retirer, repousser et affermir facilement; enfin les chevalets doivent être solides et faciles à désassembler. Pour pouvoir les rassembler promptement, il faudra numéroter du même numéro les parties semblables qui composent le chevalet. On trace en dessus du chapeau, perpendiculairement à sa longueur, en couleur durable ou au ciseau, une ligne droite et trois parallèles à droite et à gauche de cette ligne et à $0^m,17$ l'une de l'autre. Ces lignes serviront à placer sans tâtonnements et avec précision les poutrelles du pont.

1. On pourrait cependant leur en donner jusqu'à $2^m,27$, si les circonstances y obligeaient, et faire alors le pont sur des eaux plus profondes.

les distances plus ou moins rapprochées de chevalets et des poutrelles du tablier.

Si le pont ne doit snpporter que des pièces de campagne, les poutrelles semblables à celles des pontons, pour la grosseur, seront suffisantes, et on les espacera à $0^m,432$; si ce pont doit servir aux pièces de siége, il faut des poutrelles de grosseur pareille à celle des bateaux, et ne les espacer qu'à $0^m,24$.

Si le fond où l'on doit placer les chevalets est trop limoneux, comme un marais, une rivière à fond de vase, il faut avec des planches former des semelles en double T qui unissent les pieds des chevalets.

Si les chevalets, malgré le fond limoneux, étaient sans semelle ou qu'elles fussent insuffisantes pour les soutenir, et que l'on craigne l'affouillement des eaux qui les enterre, on soutiendra le chapeau des chevalets par des piquets sabotés et à mentonnets qui sont des espèces de contre-forts qu'on plantera tout contre, jusqu'à ce que le dessous du chapeau s'appuie sur le mentonnet. On lie[1] le chevalet aux piquets pour qu'ils ne puissent pas se séparer. C'est pour employer ce moyen qu'il faut que les chapeaux soient plus longs que la largeur que doit avoir le pont. On

1. Il sera plus expéditif, pour lier les piquets au chapeau, de le faire avec de grands crampons, dont le corps ait $0^m,53$, qu'on enfoncera d'un côté dans le milieu de la tête du piquet et de l'autre dans le chapeau.

peut aussi mettre un de ces piquets contre le milieu de la largeur du chapeau, du côté d'aval.

Si la rivière est torrentueuse, son fond sera inégal et pierreux, les chevalets seront difficiles à placer et à fixer. Pour obvier à cette inconvénient, on peut adapter au chevalet des pieds ou montants mobiles, qu'on écarterait plus ou moins suivant les obstacles; mais alors le chevalet deviendrait un engin compliqué de très-simple qu'il est; il vaut mieux agir avec patience et intelligence pour écarter ou éviter les obstacles.

Quand au second, relatif à la rapidité, soit permanente soit instantanée du courant, il faut amarrer les chevalets comme les pontons et bateaux à deux cinquenelles placées en dessus et en dessous, c'est l'expédient le plus simple. Si l'on en veut un second, adaptez à chaque chevalet, ou du moins à ceux qui seront placés dans le courant, un arc-boutant mobile et incliné, qui agira pour arrêter ce chevalet à mesure que l'action du courant se fera sentir.

X.

Construction des Ponts de chevalets.

L'emplacement du pont choisi, on fait décharger les chevalets et les outils à pionnier à portée de cet emplacement; on rassemble les chevalets près du rivage sans les pelotonner, pour éviter la confusion.

On adoucit la rampe de la rive pour arriver aisément sur le pont, et l'on fait la première culée relativement à la hauteur des chevalets, en haussant ou abaissant le terrain du bord que l'on raffermit ensuite. On place le premier chevalet à 3m,24 du bord, sa tête perpendiculairement à la direction que doit avoir le pont. On met dessus les sept poutrelles à 0m,43 de distance, de manière qu'elles débordent de 0m,10 le chapeau du côté de la seconde rive de la rivière, qu'elles portent de 0m,324 et soient clamaudées sur un madrier placé sur la culée de la première rive au point du départ des travaux. On fait ensuite apporter dix madriers que l'on place perpendiculairement à ces poutrelles.

Il faut s'occuper de passer les bouts de cinquenelles sur la seconde rive dès qu'on place le premier chevalet. Les cinquenelles doivent être parallèlement tendues à 5m,84 au-dessus et 5m,44 au-dessous du pont, distantes entre elle de 15m,592. Le premier chevalet placé, on place deux poutrelles parallèlement entre elles, à 1m,94 ou 2m,27 de distance, qui, s'appuyant par le haut contre le chapeau du premier chevalet, et aboutit en pente dans l'eau à peu près à l'emplacement destiné au second. On fait apporter ce deuxième chevalet au bout de la partie couverte du pont, au-dessus du premier. On le fait glisser sur les deux poutrelles inclinées pour cet effet, le retenant par des cordages, pour qu'il descende également. Quand les pieds touchent au fond de la rivière, on le pousse avec un croc à pointe pour le mettre debout sur ses pieds, à la distance nécessaire, et parallèlement au premier. Une fois debout, l'on retire les poutrelles sur lesquelles on l'avait fait glisser et l'on place les sept poutrelles qui doivent porter le tablier. Ces poutrelles doivent déborder de $0^m,10$ sur chaque chapeau de chaque chevalet et être jumellées aux poutrelles du premier chevalet. On unit avec des crampons les bouts jumellés des poutrelles, et l'on fixe avec des clameaux, sur le chapeau du premier chevalet, les poutrelles extrêmes et la poutrelle moyenne. Les autres chevalets se posent successivement de la même manière, observant que toutes les poutrelles des chevalets impairs soient à droite et celles des pairs à gauche des lignes de renseignement tracées sur le chapeau des chevalets.

On observe de faire apporter les poutrelles et madriers dans l'ordre prescrit pour la formation des autres ponts.

Au moyen de batelets ou d'hommes qui se mettront dans l'eau, on amarre successivement aux deux cinquenelles chacun des chevalets, en fixant l'amarre, par un nœud de batelier, au cordage ; puis au chevalet, en embrassant son chapeau en arrière des montants[1].

La deuxième culée se fait d'après les principes de la première.

Le pont achevé, on place des deux côtés, pour contenir les madriers, un cours de poutrelles correspondant aux poutrelles extérieures des chevalets et se croisant entre elles d'environ $0^m,324$. On unit avec des crampons les bouts qui se jumellent, et on les lie aux poutrelles de dessous avec des bouts de cordages de $3^m,89$.

Le repliement de ce pont est très-simple; c'est absolument la manœuvre contraire à sa construction.

Si la rivière était peu large et peu profonde on pourrait suppléer aux chevalets avec de simples voitures de paysan que l'on placerait au travers de la rivière, leur longueur parallèlement à ses rives. L'on placerait les poutrelles sur les flèches. Le plus ou moins d'éloignement des voitures serait déterminé par le poids que devrait supporter le pont (Fig. 8, pl. I.)

1. Si la saison était rigoureuse et qu'on manquât de batelets, on pourrait, avant de tendre les cinquenelles, y attacher, dans la partie moyenne, les amarres de $3^m,24$ en $3^m,24$, puis tendre les cinquenelles, de façon que les amarres correspondissent aux chevalets, puis avec un croc on saisirait cette amarre que l'on lierait au chevalet correspondant.

XI.

Observations sur les Ponts à chevalets.

Ces ponts, qui se font sur des ravins, des ruisseaux, des canaux, etc., pour la communication des attaques ou des parties d'un camp, ont besoin de plus de solidité et de largeur, pour supporter les pièces de siége qui doivent y passer. Il faut y employer les poutrelles et les madriers des ponts de bateaux et n'espacer les chevelets que de 3^m,88 au plus, afin d'y placer les poutrelles de façon qu'elles soient toujours jumellées dans toute la longueur des travées et des culées ; ce qui rendra le pont plus solide. Comme les poutrelles ont 0^m,02 de plus d'équarrissage et qu'elles sont jumellées, l'espace de 0^m,432 fixé entre les poutrelles serait réduit à 0^m,25 : on le portera à un 0^m,324, ce qui donnera 3^m,06 de distance entre les poutrelles extérieures, c'est-à-dire pour la partie du pont où on doit passer le fardeau.

Du reste, ces ponts se construisent comme l'on vient de le décrire, et comme d'ordinaire on est moins pressé, on les fait avec plus de facilité et on y met plus de soin, parce qu'ils doivent avoir plus de durée

XII.

Ponts de Cordages.

OBSERVATIONS PRÉLIMINAIRES.

Ces ponts sont destinés à être jetés sur des ravins profonds, des torrents impétueux ; quand la rapidité de leurs courants et leurs bords élevés et escarpés ne permettent pas d'y faire des ponts de chevelets ni autres ponts, parce que l'on manque de temps et de moyens, ces ponts ne peuvent guère supporter, outre les troupes, que des pièces de 4.

On a fait usage de cette espèce de pont depuis longtemps : car il est parlé d'un pont de câbles construit par l'amiral de Coligny, sur le *Clain*, au fameux siége de Poitiers, sous Charles IX [1].

Cette espèce de pont, dont on s'est servi dans les guerres d'Italie en 1742, qui est le pays où elle peut être d'un plus fréquent usage, n'ayant pas été décrite dans les mémoires du temps, les Français ont été obligés, dans la guerre commencée en 1792, de tâtonner pour en renouveler l'usage. Le peu d'épreuves qu'on en a pu faire n'a pas permis encore d'assigner au juste

1 Histoire des guerres civiles de France sous les règnes de François II, Charles IX, Henri III et Henri IV, par *Henri Caterin Davila*, liv. IV, p. 146, t. I; édit. in-4, d'Amsterdam 1754.

la forme et les dimensions les plus avantageuses à donner aux divers attirails qui composent cette espèce de pont. Je me contenterai d'en donner une idée gégérale [1].

Pour former un pont de cordages, on tend d'un bord à l'autre de la rivière deux cinquinelles exactement parallèles et ayant 3m,24 de distance entre elles, ce qui détermine la largeur du pont. On élève à chaque bout ces cinquenelles sur des chevalets ayant 3 à 4 jambes et on les tend en arrière de ces chevalets avec des cabestans, de sorte que ces cinquenelles, dans le plus bas de leur courbure, soient élevées à 0m,64 au-dessus des plus hautes eaux à craindre et soient à peu près de niveau avec le dessus d'un chevalet à chapeau mis à chaque bout du pont, vers le point où commencent les eaux, pour y pratiquer les culées. A 3m,24 d'un de ces chevalets à chapeau et de 3m,24 en 3m,24 jusqu'à l'autre on suspend aux cinquenelles des poutrelles nommées *traverses*, de manière qu'elles soient perpendiculaires au plan vertical qui passe par chaque cinquenelle; il faut aussi que ces traverses se trouvent dans le même plan à peu près que le chapeau des chevalets mis aux culées. Sur ces deux chapeaux et

1. Ceux qui désireraient approfondir d'avantage la construction de ce pont doivent lire avec attention les détails curieux que donne l'*Aide mémoire*, t. II, p. 978 et suiv.

ces traverses on fait passer six cordages parallèles tendus en arrière des chevelets à chapeaux où l'on a taillé des gorges ou coches pour les recevoir. Enfin, perpendiculairement en travers sur ces cordages on met les madriers formant le tablier du pont. A mesure que les poutrelles sont mises, on pose en travers les madriers tels qu'ils doivent être, et on les assujettit en passant des cordeaux dans les anneaux qui se trouvent aux deux bouts des madriers [1] et les raidissant.

En général dans l'exécution de ce pont, il y a trois points importants à examiner : 1° les cinquenelles et leur tension, ou les moyens de les tendre ; 2° les points d'appui ; 3° les points de résistance.

1. On peut aussi, pour plus de solidité, placer entre les six cordages des poutrelles portant sur les traverses et puis placer les madriers sur ces poutrelles ; dans ce dernier cas, les extrêmes seront placées en dehors des six cordages. Ces poutrelles doivent avoir 3m,56 de longueur, 0m,08 ou 0m,10 d'équarrissage, et être percées à chaque bout d'une mortaise de 0m,05 de longueur, et d'un trou perpendiculaire au milieu de cette mortaise ; la mortaise recevra un boulon de 0m,21 à 0m,27 de longueur, et de 0m,61 de diamètre, et le trou un pivot rond à clavette double, autour duquel tournera le boulon comme s'il était à charnière ; le boulon sera aussi à clavette double ; par ce moyen, les cordages qui soutiennent les traverses auront plus de liberté pour prendre leur position verticale ; mais pour plus de simplicité, on pourra se contenter de percer, à 0m,16 de chaque bout des poutrelles, un trou propre à recevoir un boulon à tête ronde de 0m,21 ou 0m,27 de longueur, de 0m,01 de diamètre, propre à recevoir une clavette double.

Ces poutrelles rendent le pont embarrassant pour les transports et trop lourd pour les cinquenelles ; on présume qu'on peut s'en dispenser.

La manœuvre pour replier ce pont est très-facile. On détache les cordeaux qui passent dans les anneaux des madriers; on replie les madriers en commençant par ceux le plus près de la rive qu'on veut abandonner. S'il n'y a point de poutrelles, après avoir ôté les madriers on retire les cordages du tablier, et détachant les cinquenelles du côté de la rive que l'on quitte, on les retire ensemble avec les traverses qu'on détache sur la rive que l'on garde. On retire les autres objets par le moyen d'un bac en démontant, s'il le faut, le chevalet de la culée qui est le plus lourd et le plus embarrassant des attirails à ramener.

On sent aisément qu'un pareil pont ne peut guère se construire sur une rivière plus large que 38^{m},98 à 49^{m},72 (de 40^{m} à 50^{m}).

S'il reste longtemps construit, il exigera qu'on examine souvent : 1° l'état des cordages des autres engins et des points fixes... ; 2° la tension des cinquenelles et des cordages du tablier pour les retendre... ; 3° la position des traverses pour remonter au niveau les soubaissées. Ces différentes manœuvres exigent que le pont soit libre de tout fardeau.

Le pont, à raison de sa suspension, fera des oscillations, ce qui pourrait effaroucher les chevaux, etc., pour les diminuer, on attachera au milieu de la courbure de chaque cinquenelle deux cordages que l'on fixera sur les deux rives [1].

XIII.

Des Ponts pour arches rompues, etc.

Le pont roulant ne peut être employé pour des arches rompues, ni sur des ravins ou torrents dont le lit est hérissé de rochers, dont les bords sont escarpés, enfin nulle part dans les pays de montagnes, où l'artillerie ne peut faire arriver ses voitures.

Pour se procurer dans ces circonstances des ponts d'environ $9^m,74$ à $11^m,36$ de longueur, on avait imaginé dans les guerres de 1792, pour l'armée française

1. Pour diminuer le surbaissement du milieu du pont on peut, 1° si la rivière et les autres circonstances le permettent, planter un pilotis dans le milieu pour supporter chaque cinquenelle dans le bas de sa courbure; 2° si le bord et le lit de la rivière le permettent, on pourrait mettre les chevalets un peu dans l'eau (les chevalets à quatre jambes), ne les mît-on qu'à $6^m,49$ de la rive, on gagnerait 4 traverses, dont le poids ferait en partie équilibre avec les 9 restantes; 3° on pourrait doubler le nombre des chevalets à quatre jambes qui portent les cinquenelles, et on en mettrait 4 dans l'eau ; 4° on pourrait essayer de mettre les cinquenelles à $3^m,88$ de distance entre elles, au lieu de $3^m,34$; les traverses, par le poids qui les charge, tendraient à les rapprocher, les rapprocheraient en effet, et diminueraient par là et le surbaissement et les oscillations, mais il faudrait placer bien correctement les haubans des chevalets à jambes, pour les raffermir contre cet effort oblique à leur position. Il faudrait peut-être alors aligner le plan des poulies, du haut des chevalets, au milieu du pont qui serait le point où les cinquenelles se rapprocheraient le plus.

d'Italie, de porter 5 pièces de bois de 11^{m},36 de longueur et de 0^{m},21 d'équarrissage, composées chacune de quatre ou six pièces coupées en biseau et à épaulement, assemblées à chaque jointure par deux fortes frettes et un boulon à écrou (ce que les ouvriers appellent assembler en trait de jupiter) placé entre les deux frettes. Au moyen d'un cordage on faisait passer chaque pièce assemblée d'un bord à l'autre : on les plaçait parallèlement et à 0^{m},64 de distance entre elles, ce qui donnait une largeur de 3^{m},66 qu'on recouvrait de madriers ordinaires de 4^{m},66 de longueur mis en travers. Ce pont, dont chaque poutre pesait environ 600 kilos, pesait lui-même environ 12 milliers.

Mais ce pont ne put servir, il s'écrasait sous son seul poids. Les défauts de l'assemblage, augmentés continuellement par le dessèchement du bois, et la grande portée de ces poutres mal jointes faisaient sa faiblesse. La trop grande portée des madriers, n'ayant d'appui que de 0^{m},64 en 0^{m},64, l'aurait aussi rendu vicieux, s'il eût pu réussir, et eût nécessité encore deux poutres. D'ailleurs ces poutres étaient très-difficiles à placer par leur grand poids.

L'Aide mémoire donne des détails très-intéressants, sur la construction d'un pont de nouvelle invention, qui semble réunir tout ce que l'on pouvait désirer pour ce genre de travail; j'y renvoie ceux qui désireraient l'approfondir. Dans de pareilles circonstances, la seule chose que l'on ait à observer c'est d'employer les poutrelles que l'on est obligé d'établir sur l'arche rompue; de manière que les poids dont on pourrait charger le pont n'agissent que contre les culées.

XIV.

Ponts de pilotis.

Les ponts de pilotis se font sur les torrents et sur les rivières qui leur ressemblent, où on ne peut même établir des ponts de bateaux, parce que leurs eaux charient des sables, forment des bancs qui changent continuellement de position, arrachent les ancres et entraînent les bateaux.

Quand ces ponts sont considérables ou qu'ils doivent subsister longtemps, ils ne sont pas construits par l'artillerie.

Ce qui fait que je n'entrerai pas dans de grands détails sur cette espèce de pont.

Les pilots ou pilotis seront de chêne, d'orme, de mélèze, de pin, de sapin, etc. Les premiers sont les meilleurs, etc.; on les enfonce avec des sonnettes.

Si on n'a que 2 sonnettes, chacune enfonce une

file de pilotis. Si on a 4 sonnettes, on commence le travail sur les deux rives, en suivant exactement l'alignement.

Si on est obligé de s'échafauder, on le fait avec des chevalets que l'on couvre de madriers.

Si on ne peut mettre les chevalets dans l'eau, on met les sonnettes sur des bateaux et l'ouvrage va plus vite.

Les pilots s'enfoncent de 2 en 2 ou de 4 en 4, sur la largeur du pont; et ces rangs de 2 ou de 4 pilots sont espacés de 5m,89 à 6m,43, même à 9m,74, suivant la rapidité de la rivière.

Les pilots enfoncés, on fait les tenons de leur tête et les mortaises du chapeau, qui est une pièce de bois qu'on pose en travers sur la tête des pilots.

Sur les chapeaux on place, comme dans les autres ponts, des longerons ou poutrelles, puis des madriers.

Deux pilots suffisent par travée, si le volume d'eau et sa rapidité ne sont pas considérables.

Les accidents sont presque inévitables à cette espèce de pont.

Il arrive souvent que les eaux fouillent au pied des pilotis, les soulèvent et les emportent. On se garantit de ces affouillements, quand ils ne sont pas violents, en enveloppant de fascinage le pied des pilotis.

Pour donner de la solidité aux pilotis, on met un pilotis en arrière de chaque rang de 2 ou 4 pilotis. dont la tête ne s'élève au-dessus des eaux que de 0m,97 à 1m,29; on joint par une moise, les pilotis des travées avec le dernier enfoncé, en faisant une retraite à la moise qui puisse les embrasser tous, et on l'assure avec des broches de fer; cette moise est parallèle à l'eau, puis on en met une autre qui prend en écharpe les pilotis et est arrêtée de même.

On garantit ces ponts d'insulte comme on l'a prescrit ci-devant.

On peut aussi, en avant des piles, planter 3 pilots en tiers-point, liés par des pièces de bois qu'on peut même coffrer, ce qui fait une espèce d'éperon qui détourne tout ce qui veut passer et garantit de leur choc les pilots.

On peut encore planter en avant des piles un rang de pilotis assez près pour arrêter les premiers efforts de ce qui sera charié ou envoyé contre le pont : on joint ces pilotis par des pièces de bois,

XV.

Ponts de radeaux.

Les ponts de radeaux sont propres aux plus grandes rivières : ils se font avec célérité et se replient aisément sur les eaux tranquilles; ils exigent moins de préparatifs que les ponts de bateaux, et sont très-commodes pour brusquer et cacher un passage de rivière, lorsqu'on y trouve des radeaux ou qu'on est à portée d'en construire. Ces radeaux sonts faits de bois les plus légers (de sapin ordinairement) assemblés par des perches qui servent de *traverses*, par des liens d'osier et des chevilles; quelquefois on emploie les liens de fer. Le tout est recouvert de planches. Il y a des radeaux simples et des radeaux doubles : les doubles sont 2 radeaux simples joints ensemble, ils sont composés de 34 arbres, de 12^{m},33 à 13^{m},00 de longueur et de 0^{m},22 à 0^{m},32 de grosseur : 60 de ces radeaux peuvent former un pont d'environ 779^{m},61. Il faut 4 hommes pour gouverner chaque radeau.

Plus un radeau doit être chargé, plus il doit être léger ; il faut alors éviter de serrer les poutres près à près et en placer 2 ou 3 rangs recroissés les uns sur les autres, afin de rester plus élevé au-dessus de l'eau[1].

Pour construire un pont de radeaux, on assemble

1. Cette considération a lieu principalement dans les radeaux employés au passage d'une rivière à force ouverte, c'est-à-dire sous le feu de l'ennemi ; parce que, dans ce cas, on le borde d'un parapet de sacs de laine, on y met des pièces de campagne et beaucoup de troupes. Ce moyen de passer les rivières, souvent employé par Charles XII, ne concerne pas la manœuvre de jeter les ponts.

les radeaux en les joignant les uns aux autres, les arbres du radeau suivant le sens du courant dans le travers de la rivière, sans laisser de vides ; mais pour les construire ainsi sans vides il faut que les eaux soient sans cours ou n'en aient qu'un bien tranquille. On fixe les radeaux par des ancres. On cloue des longerons sur les radeaux et on les couvre de planches, si l'on veut faire passer le pont à la cavalerie et aux équipages. Pour construire un pont de radeaux à demeure, sur une rivière rapide, il y a les petits changements suivants à observer.

On espace de $0^m,16$ à $0^m,18$ les corps d'arbres qui forment les radeaux, pour que, les eaux trouvant plus de facilité à couler, le pont ait moins de résistance à opposer à leur impulsion. Il faut employer des radeaux d'une grande longueur, parce qu'ils porteront d'avantage et seront susceptibles d'une plus grande stabilité. Dans les ponts de radeaux qui ne sont pas à demeure on a prescrit de mettre les radeaux près à près ; il n'en est pas de même dans ceux-ci ; il faut mettre des intervalles entre les radeaux et régler ces espaces suivant la grosseur des poutrelles du tablier ; par ce moyen les eaux ayant la plus grande facilité à s'écouler fatigueront moins le point.

On place le tablier (composé comme les autres ponts de poutrelles et de madriers), plus sur le derrière[1] que sur le devant des radeaux, afin que dans les crues les flots le surmontent moins; il faut même, dans ces circonstances, charger de grosses pierres ou de corps d'arbres l'intervalle compris entre le tablier et la queue du radeau.

On assure la direction générale du pont en plaçant une cinquenelle en travers sur la rivière, comme au pont de bateaux; on y amarre chaque radeau par un seul cordage arrêté aux deux extrémités de la tête du radeau.

L'on fixe chaque radeau par un cordage tenant à une ancre jetée du côté *d'amont;* et l'on amarre sur le rivage à des piquets, arbres, etc., les deux côtés du premier et dernier ou des deux premiers et deux derniers radeaux du pont.

On lie les radeaux entre eux vers leur tête, au moyen d'une forte poutrelle qui va de l'un à l'autre dans cette partie et qu'on y cheville avec soin.

S'il faut une coupure au pont, on doit la faire au plus fort du courant comme aux autres ponts, et l'on emploie pour la portière deux petits bâteaux pontés ensemble; ce qui nécessitera de faire deux rampes mobiles pour les lier aux deux parties du pont

1. La tête du radeau est la partie ou la face qui reçoit l'impulsion du courant. La queue du radeau, la face opposée; côtes du radeau, les deux autres faces.

et pour qu'elle puisse quitter sa position et la reprendre.

La raison qui fait employer deux batelets pour faire la portière est que la hauteur de la partie supérieure des radeaux au-dessus de l'eau n'étant que de 0m 08 à 0m 10, cette hauteur de haut-bord est insuffisante pour les radeaux de la portière, qui, à cause de la rapidité du courant, ont besoin d'en avoir 0m,324 pour n'être pas couverts par l'eau, lorsque la portière remonte fermer la coupure. Les batelets, laissant plus de vide, laissent couler les eaux plus librement dans cet endroit, où elles ont le plus de rapidité; d'où il résulte plus de facilité pour la manœuvre de la portière, moins de fatigue pour son ancre et ses cordages: plus de fixité dans les radeaux et dans la direction générale du pont, direction très-difficile à rétablir et importante à conserver.

Si l'on veut éviter de faire des rampes qui sont en effet difficiles à pratiquer, on élève tout le pont au moyen de trois billots de bois placés sur chaque radeau qui porteront les poutrelles du tablier. On les boulonne sur les billots extrêmes de chaque radeau comme sur les plats-bords des bateaux.

On donne de la solidité à la portière, en la liant fortement au pont par quatre arcs-boutants fixés à droite et à gauche aux radeaux de la coupure. On consolidera le pont par cette liaison et on l'empêchera d'obéir, dans les crues, à la tendance qu'ont ses deux parties de se porter sur leur rive respective.

Lorsqu'il doit y avoir une coupure, il faut que la cinquenelle soit soutenue par des poteaux élevés. Et l'on donne alors à cette coupure la force de résister à la tendance qu'auront les deux parties de se porter sur leur rive respective, en plaçant des arcs-boutants à chaque extrémité du pont... Ces arcs-boutants sont, dans les bons terrains, deux pilots ou deux très-forts piquets plantés sur ou près du bord ; et dans les mauvais, un appareil de charpente qui les supplée. On fait appuyer contre ces pilots le côté du premier et dernier radeau du pont.

Quand le pont est achevé, on établit sur chaque côté du pont un cours de poutrelles que l'on lie avec les poutrelles extérieures du tablier et que l'on affermit en les brêlant; ce qui donne au pont une solidité extraordinaire.

XVI.

Pont de Caisses.

Ce pont fut proposé en 1719 par un ingénieur de Cambrai, nommé *Herman*. Voici sa construction :

On fait ce pont avec des caisses de $1^{m},62$ de

longueur et de 0^{m},105 en carré, extérieurement divisées en quatre compartiments égaux par les planches dont celle du milieu est plus épaisse.

Les planches du bout ont 0^{m},02 d'épaisseur.

Celles du dessus et du dessous, 0^{m},018.

Celles des côtés, 0^{m},013.

Les planches des bouts ont une espèce de tenon à oreille, percé pour recevoir une clé de bois.

On met quatre caisses par travées, ne laissant qu'un petit vide entre elles.

On joint ces caisses par deux traverses percées pour recevoir les deux tenons.

Ces travées s'assemblent de l'une à l'autre par des clés de bois.

Quatre hommes portent une travée. On pousse en avant la première travée retenue par un cordage, et ses traverses sont armées de grappins pour s'accrocher en arrivant sur la rive opposée.

XVII.

Ponts de chassis.

Les châssis faits de soliveaux de sapins équarris ont de 4^{m},86 à 5^{m},18 de longueur, sur 3^{m},24 à 3^{m},88 de largeur.

Sous les châssis on met plusieurs rangs de caisses

poissées les unes près des autres, liées et serrées aux châssis.

Les caisses ont 1m,29 à 1m,62 de longueur, sur 0m,64 de largeur.

On couvre les châssis de planches légères qu'on y cloue.

On joint les uns aux autres plusieurs de ces châssis avec de fortes amarres et des bouts de soliveaux.

Chaque châssis doit avoir une paire de mantelets de 2m,27 à 2m,59 de hauteur, qu'on élève et baisse en manière de pont-levis.

Ces mantelets sont doublés de matelas qui entrent dans l'eau pour garantir les caisses des coups de fusil.

On attache aux extrémités de ces ponts mobiles des griffes de fer qui, cramponnant la terre, empêcheront que la machine ne soit emportée par les courants.

Aux deux côtés du radeau on met des montants en forme de chevalets, pour y placer des rames.

On borde le derrière de chaque châssis d'une fascine d'osier de 0m,16 de diamètre.

Les soldats se rangent sur chaque radeau, comme sur terre, rangs et files serrés : l'on couvre le côté du radeau exposé à l'ennemi d'une blinde de 1m,62 à 1m,94 de hauteur.

Au lieu de caisses on peut se servir de peaux de bouc enflées. Un charriot peut en porter pour six radeaux, qui peuvent débarquer d'un seul coup sept mille cinq cents hommes [1].

XVIII.

Ponts de tonneaux.

Les ponts de tonneaux, quoique ne pouvant servir que pour l'infanterie, et encore sur des rivières peu larges, méritent cependant qu'on en fasse mention. Car, si une armée perd ses pontons ou est obligée de multiplier ses ponts, il n'est point de villes, de villages qui n'offrent sur le champ les matériaux nécessaires. Un capitaine de pontonniers saxons, nommé *Papetti*, a fait avec des tonneaux un pont qui a suffisamment pu porter. On ferme bien exactement les bondons des tonneaux vides, et on les goudronne avec soin. On les attache deux à deux en long sur une longue poutre. Le nombre de paires de tonneaux donne la largeur du pont. A chaque extrémité on attache un tonneau seul qui sert à fixer les traverses extérieures qui unissent ensemble chaque rangée de tonneaux qui doivent composer le pont. Les rangs de tonneaux s'espacent à la distance de la longueur

1. Ceux qui voudront plus de détails peuvent lire Follard. L'*Encyclopédie* parle aussi de cette espèce de pont. M*** estime ce pont.

de deux tonneaux; et par des poutrelles fixées de deux en deux paires de tonneaux et bien clamaudées, on assujettit solidement les rangs de tonneaux, et on les couvre de madriers comme les autres ponts. En rapprochant les tonneaux on augmenterait la force du pont (Fig. 9, pl. I).

XIX.

Ponts volants.

On appelle pont volant l'assemblage de deux pontons ou de deux bateaux pontés ensemble, retenus par un cordage fixé à une ancre jetée dans la rivière ou attaché sur un des bords à un piquet, un arbre, etc. Le cordage doit être assez long pour aller de l'une à l'autre rive; on naviguera d'autant plus aisément et promptement que l'arc que décrira le pont sera plus court, c'est-à-dire que le cordage aura plus de longueur.

Il faut soutenir le cordage sur des batelets, barils, etc., pour qu'il ne s'engage pas dans le fond de la rivière.

On peut amarrer le pont volant à un cordage fixé à chaque bord, et se hisser tour à tour sur chacun, tandis que l'autre sert de rayon à l'arc qu'on décrit en traversant la rivière.

Sur l'une et l'autre rive, à l'endroit où doit aborder le pont, on forme une culée.

On peut établir sur une rivière de 97^{m},45 à 116^{m},94 de largeur une circulation commode d'une rive à l'autre, au moyen d'un radeau mu seulement par la force du courant. Pour cela, on tend, en travers sur la rivière, un cordage dans un endroit favorable au passage. On forme un radeau qui, au lieu d'être carré, soit coupé en trapèze, faisant un angle de 54° 44'. On le fixe, par deux cordages ou amarres, à deux poulies mobiles qui courent sur le cordage premièrement placé. Une des amarres du radeau tient à l'angle aigu, l'autre alternativement à un anneau placé sur chacun des côtés, formant l'angle aigu de 64° 44', et à égale distance du sommet de l'angle; car il faut que le côté du radeau vis-à-vis la rive où l'on vogue soit suivant le fil de l'eau, et que l'autre, frappé par le courant, le soit sous l'angle de 54° 44', le plus avantageux pour produire l'effet qu'on se propose, qui est que la force du courant pousse lui seul le radeau vers la rive.

Quant à la longueur des amarres, celle de l'angle aigu est égale à la hauteur du premier cordage au-dessus de l'eau de la rivière; et l'autre est l'hypothénuse du triangle rectangle, dont un des côtés de l'angle droit est égal à la première amarre et l'autre est égal à la distance horizontale de chaque anneau au plan vertical du premier cordage, cette ligne faisant l'angle de 54° 44' avec le côté du radeau.

Jusqu'ici je n'ai considéré la construction des ponts qu'en elle-même, c'est-à-dire purement mécaniquement. Actuellement, je dois en faire l'application à l'art de la guerre.

XX.

Emplacement des ponts.

Il faut connaître tous les agrès qui entrent dans la construction des différentes espèces de ponts, en distinguer la qualité, en savoir l'emploi.

Il faut avoir des états exacts de chaque équipage classés avec ordre, et y noter l'emplacement des différents objets, pour les trouver aisément et sans confusion.

Dans les pays théâtres de la guerre, on doit tâcher de faire la reconnaissance des rivières qui les traversent à mesure qu'on peut la faire, ou tâcher au moins de savoir en général leur largeur, leur rapidité, la qualité de leur fond, leur profondeur, les endroits propres à la construction des ponts, les gués qui avoisinent ces endroits, la saison des crues, leur élévation, dans les plus grandes, au-dessus du niveau ordinaire des eaux, pour déterminer le commencement des culées, etc.

Il est nécessaire de savoir mesurer promptement et avec peu de moyens la largeur des rivières, pour, d'après la connaissance qu'on a de la grandeur des bateaux, etc., déterminer la quantité qu'il en faut pour construire un pont dans tel endroit déterminé.

En arrivant dans un pays, on s'empare de tous les bateaux qui sont sur les rivières, soit qu'on veuille les faire servir à la construction des ponts ou au transport des vivres, munitions, etc. Ce soin est confié aux troupes légères.

On ne doit point risquer de construire un pont en présence de l'ennemi; il faut, par ses batteries ou en le tournant, le déposter avant de l'entreprendre; il faut avoir assez de troupes passées sur la rive où l'on veut arriver, pour pouvoir le repousser pendant qu'on le construira.

Il faut éviter de construire un pont au-dessous des tournants couverts de bois ou de rochers. Si on est forcé de le faire, on met plusieurs postes qui se répondent le long de la rivière et en dessus du pont, et leurs sentinelles doivent avertir à temps des bateaux qu'on pourrait envoyer pour le détruire, afin qu'en ouvrant le pont on puisse le garantir.

On évite les lieux où il faudrait beaucoup de travail pour rendre commode l'entrée et la sortie du pont.

On choisit l'endroit où les deux rives soient prononcées, où le lit soit bien plein, pour éviter d'allonger le pont dans les crues d'eau, ou de le voir se briser dans les baisses, quand les bateaux viennent à toucher le fond; enfin, pour avoir la facilité de faire les autres manœuvres de pont et se passer de chevalets pour établir les culées.

En choisissant l'emplacement du pont, on cherche à profiter des îles qu'offrent quelquefois les rivières : le pont aura moins de longueur, moins de portée; le courant sera moins rapide en cet endroit; mais il y aurait de l'inconvénient à trop le morceler; il faut que le local n'offre que deux ou trois îles et que leur fond soit ferme, à cause du chemin qu'il faut y pratiquer.

On établit les ponts au point le plus rentrant des sinuosités de la rivière. De la surface de l'eau à la crête du bord il doit y avoir au plus $1^m,94$ à $2^m,27$ de hauteur verticale pour en rendre l'entrée et la sortie faciles. L'emplacement ne doit être ni commandé ni pris en rouage. Sur les côtés du coude on met les batteries pour protéger le passage; plus elles sont en avant du coude, plus elles tiennent éloigné l'ennemi.

Ces principes d'emplacement généralement adoptés

doivent être modifiés. Si le pont ne doit exister que passagèrement on peut s'y conformer ; mais s'il doit être conservé, surtout dans le temps des crues, il faut éviter cette position; parce que les eaux dans les tournants ont un fort courant du côté du coude et peu de fond au vis-à-vis, ce qui nécessiterait d'avoir un grand supplément d'attirails pour allonger le pont de ce côté où il doit suivre l'extention des eaux. Ce travail inopiné, cette variété dans le pont, la difficulté de conserver ce supplément, le danger où est le pont de se briser, quand les eaux, se retirant tout à coup, exposent les bateaux des bouts à porter sur le fond, etc., doivent faire rejeter cette position et lui faire préférer celle où la rivière, sans être trop encaissée, a ses deux rives bien prononcées, ce qui simplifie tout.

Au reste encore l'élévation des rives est relative à l'espèce de ce pont. Dans celui de bateaux, par exemple, le tablier se trouvant à $1^{m},29$ de l'eau, si l'on fixe la hauteur de la rive à $2^{m},27$, on n'aura que $0^{m},07$ à recouper en rampe, ce qui est peu de chose; on pourra donc choisir des rives plus fortement prononcées.

On évite les positions où la seconde rive domine la première et celle où les eaux sans profondeur exposeraient les pontons ou les bateaux à toucher le fond.

S'il n'y a pas de sinuosités, on choisit le point où la première rive commande la seconde... Si les rives sont de niveau on choisit le point où la deuxième rive soit la plus découverte, la plus favorable à votre artillerie.

Si, dans un emplacement propre à jeter un pont, la seconde rive se trouve embarrassée de haies, de buissons, etc., il faut absolument que la première rive la domine et que les obstacles qu'offre la seconde ne gênent point l'effet de l'artillerie, ne soient pas trop étendus, ni trop difficiles à rendre praticables, tels que des marais, etc., qu'il faut par conséquent éviter de trouver au débouché du pont.

On cherche les confluents des rivières qui sont de son côté. On place le pont au-dessous du confluent; et dans la rivière adjacente on met à l'eau les bateaux, les pontons : on les ponte de deux en deux ou de quatre en quatre, puis faisant descendre ces travées au point désigné pour le pont, on le construira plus facilement, plus rapidement... Sur les travées qui formeront la tête du pont, on place une partie des troupes qui doivent le défendre.

En campagne, on place les ponts à portée des grands chemins ; et on en rend l'abord et le débouché faciles et commodes en adoucissant les rampent qui y conduisent, et en affermissant le terrain à l'entrée et à la sortie : on doit toujours se ménager deux ponts, ni trop éloignés [1]

1. On peut cependant quelquefois dans les ponts de bateaux appuyer le second pont au premier.

ni trop voisins : et on les emplace relativement à la position de la ligne qu'occupe l'armée.

Dans les siéges, les ponts sont faits pour établir une communication entre les quartiers de l'armée, les différentes parties de l'attaque, etc. Il faut en construire au moins deux pour passer sur l'un et repasser sur l'autre ; on évite, par ce moyen l'embarras auquel est sujet un pont où l'on va et revient continuellement. On tâche de les construire au-dessus de la ville, pour qu'ils ne soient pas insultés par les assiégés, qui, profitant du courant, essaieraient de les détruire en envoyant contre eux de gros troncs d'arbres, des bateaux chargés de pierres, d'artifices, etc.... Si l'on est forcé de placer les ponts au-dessous de la ville [1], entre elle et ces ponts on plante une chaîne de pilotis pour arrêter ces tentatives des ennemis. Mais dans les rivières rapides, ce moyen jette dans des inconvénients graves.

L'emplacement du pont déterminé : on cherche les gués qui sont voisins en dessus et en dessous : tant qu'on pourra, on ne doit se servir que des derniers, surtout pour le passage des bœufs. Il faut faire exactement la reconnaissance de ces gués en les sondant,

1. On est toujours forcé d'en établir au-dessous, pour la communication des quartiers, mais les plus importants seront placés au-dessus.

en observant le fond et les parcourant en entier pour être sûr que l'ennemi ne les a pas rompus. On en assure la direction par des jalons plantés à l'entrée, à la sortie et dans la rivière même, pour en indiquer la direction, la largeur et les contours. Durant la nuit, on marque ces objets par des réchauds de rempart; si l'on craint le grand éclat à cause de l'ennemi ou des chevaux, on le fait au moyen des mèches allumées. Les gués au-dessus du pont doivent être à une certaine distance au-delà des ancres, à cause des accidents que ces ancres et leurs cordages peuvent occasionner à ce qui passera au gué ; ce qui finirait par avoir des suites pour le pont. Si on est forcé d'y laisser passer les bœufs, il faut les empêcher d'y entrer en nombre, parce qu'ils s'agglomèrent, luttent contre le courant, se laissent entraîner par lui, viennent heurter le pont et le dérangent.

XXI.

Équipages de Ponts.

Le nombre des bateaux ou pontons nécessaires pour composer un équipage de pont à la suite d'une armée doit être réglé sur la plus grande largeur des rivières que l'on aura à traverser et sur la nécessité de faire toujours deux ponts à la fois.

Les bateaux dont on fait les ponts ne pouvant, à cause de leur pesanteur, être traînés à la suite des troupes, l'équipage de pont de bateaux reste sur les derrières de l'armée, et on le fait conduire au besoin par les chevaux du pays.

Les grands bateaux de rivière n'étant point transportables par terre, on ne s'en sert que dans les lieux même où on les trouve et dans ceux où l'on peut les faire venir par eau.

Dans les marches, l'équipage de pont, de pontons, etc., doit être prêt à se porter avec promptitude aux endroits que le général désignera : ses projets, et les circonstances locales que la nature du pays peut offrir, détermineront sa place.

Dans les camps, la place ordinaire de l'équipage du pont est à côté du petit parc [1].

1. Dans les guerres d'Italie on ne mène point d'équipages de ponts, à cause de la difficulté de leur faire traverser les montagnes. On s'approvisionne seulement d'ancres, de cordages, d'outils, etc., pour construire des ponts sur les affluents du Pô, ou sur les rivières secondaires, comme le Tanato; en arrivant dans les plaines on fait faire des bateaux de 7m,13 à 8m,75 de long, pour tenir lieu de pontons; on s'empare des bateaux des rivières, et on fait construire des bateaux de 16m,24 de long, pour former les ponts sur le Pô. Les bateaux les plus propres à manœuvrer sur le Danube sont ceux de 19m,49 de long, de 2m,92 de large, de 1m,29 de hauteur, armés de 4 pièces de canon; le pont, devant et derrière, d'un médiocre volume, pour donner moins de prise au vent.

Ces observations sont tirées de l'*Aide mémoire* et des diverses opérations des campagnes des Français.

IV.

MÉMOIRE

SUR L'ARTILLERIE DE BATAILLE.

---

§ 1.

OBSERVATIONS PRÉLIMINAIRES SUR LES MOUVEMENTS DE L'ARTILLERIE EN CAMPAGNE.

La marche de l'artillerie se règle sur l'ordre de bataille qu'établit le général en entrant en campagne, et subsiste tant que l'ennemi ne force point à changer de position; à la tête de chaque colonne marchent des chariots d'outils et des ponts roulants, pour être à même de passer avec facilité tous les obstacles qui pourraient arrêter ou retarder la marche.

Les bouches à feu de campagne ne sont point couvertes d'un épaulement, lorsqu'elles sont en batterie, parce qu'on n'en fait qu'un usage momentané dans chaque position; si cependant elles étaient dans un emplacement qui pût avoir de la stabilité dans une action et qu'on eût le temps, les bras et les outils nécessaires, on pourrait les couvrir d'un épaulement jusqu'à la genouillère, ou élever en avant de la terre à $0^m,64$ ou $0^m,97$; mais il faut dans toute position profiter des accidents du terrain qui peuvent les mettre à couvert sans nuire à l'effet du tir.

Le canon de régiment se porte à quelques mètres en avant de l'intervalle des bataillons pour l'exécution des feux [1]; pour la formation des colonnes, le canon de régiment peut et doit se porter en avant pour les protéger. Dans les autres manœuvres, il doit toujours à peu près suivre le mouvement de la troupe à laquelle il est attaché.

Dans les colonnes contre la cavalerie, sa position est variable et déterminée par les commandants de la troupe d'après les circonstances; il doit en occuper les parties faibles et menacées, les angles en général.

Il faut, lorsqu'on commande le canon du régiment, bien connaître les évolutions de la troupe; alors, sachant le chemin que la troupe va tenir pour faire

1. Mais il faut bien se garder de tirer de trop loin; c'est à l'officier à connaître l'instant qu'il doit commencer le feu : aussi, doit-on s'appliquer de bonne heure à estimer les distances; les officiers doivent s'exercer et être exercés dans les écoles d'artillerie à les apprécier justement, en variant souvent les terrains, afin d'avoir leur jugement plus à l'abri des illusions.

telle manœuvre, on évite de lui faire obstacle en suivant les mêmes chemins; l'on se hâte d'arriver le plus promptement possible, en prenant le chemin le plus court, à la position que l'on doit occuper, position d'où l'on protège le plus efficacement la troupe.

Si quelquefois l'on réunit, pour quelques cas particuliers, les pièces de plusieurs bataillons, les principes pour leur position seront les mêmes que ceux dont nous allons parler pour le canon du parc.

L'artillerie de parc se partage en un certain nombre de divisions proportionnées à la force et à l'étendue du front de l'armée et en une réserve. Ces divisions sont placées au centre, aux ailes ou intermédiairement. Ce premier partage n'est qu'un moyen de passer plus aisément aux premières subdivisions à faire, qui servent à fixer et modifier leur emplacement. Les effets à opérer déterminent le nombre et l'emplacement de ces premières subdivisions.

Les secondes subdivisions sont relatives aux batteries; on partage les premières subdivisions en plusieurs batteries, pour n'offrir qu'un but morcelé au feu de l'ennemi; mais ces diverses batteries conservent leur unité de but, c'est-à-dire qu'elles doivent toujours pouvoir battre le même objet, dont la destruction est l'effet que doit opérer la subdivision première.

Dans les positions défensives, on place le gros canon dans les points d'où l'on découvre l'ennemi de plus loin et d'où l'on voit les parties les plus étendues de son front.

Dans l'offensive, on place le canon de gros calibre dans les parties de l'ordre de bataille qui sont les plus faibles et par conséquent les plus éloignées de l'ennemi, du côté des fausses attaques, sur les hauteurs qui peuvent, en le mettant hors d'insulte, fournir le moyen d'appuyer les flancs des véritables attaques et battre de revers, s'il se peut, les points attaqués. Mais, en général, voici les règles d'après lesquelles on doit se conduire, et dont on ne doit jamais se départir.

Savoir l'effet qu'on doit produire, les troupes qu'on doit seconder..., connaître les points d'attaque..., s'emplacer sans gêner les troupes ni prendre les terrains où leurs dispositions pourront être plus utiles que l'artillerie..., ne point placer ses batteries trop tôt ni trop à découvert..., couvrir son front et surtout ses flancs en profitant des accidents du terrain..., ne point s'aventurer hors de la protection des troupes, à moins d'être sûr de produire un effet décisif.

Traverser de ses feux en les croisant la position de l'ennemi et le terrain qu'il doit parcourir pour vous attaquer, concentrer ses feux; c'est-à-dire, en subdivisant ses batteries pour n'offrir qu'un but morcelé au feu de l'ennemi, pouvoir de divers emplacements battre les mêmes objets.

Ces mêmes objets sont dans la défensive les débouchés de l'ennemi : la tête de ses colonnes qui vous menacent ; le terrain en avant de vos parties les plus faibles.

Et dans l'offensive : tout le front de l'armée ennemie, pour le tenir en échec en l'inquiétant ; et les parties qu'on doit attaquer, qu'il faut écraser.

Rendre ses feux directs, avant que ses feux croisés puissent gêner vos troupes attaquantes et battre les troupes collatérales aux points attaqués de l'ennemi, quand on ne pourra plus tirer sur les points attaqués.

Tirer sur une étendue qui remplisse l'amplitude de la divergence des coups.

Faire parcourir au boulet la plus grande dimension d'une troupe ; en conséquence, battre d'écharpe ou de flanc une ligne, et de front une colonne, mais toujours sans s'aventurer hors de la protection des troupes.

S'emplacer de manière à n'être battu ni d'écharpe, ni de flanc, ni de revers, à moins de pouvoir se couvrir ou d'être sûr de produire l'effet demandé avant qu'on vous mette hors de combat.

Considérer, en s'emplaçant, la nature du terrain,

pour éviter ceux qui sont marécageux, pierreux, coupés, etc.

Faciliter les moyens d'aller en avant et en arrière.

Ne pas choisir les positions trop élevées ; le maximum avantageux est de 29m,235 à 38m,98 sur 584m,7 et 15m,592 sur 194m,7.

Eviter les emplacements derrière vos troupes ; parce qu'on les inquiète en tirant et qu'on offre deux buts à l'ennemi.

Donner de l'étendue aux emplacements qu'on prend (au moins 6m,00 par pièce) : à moins d'être pris d'écharpe sous un angle très-favorable à l'ennemi ; car on tire sur un front tant plein que vide et non sur une pièce.

Préférer les emplacements d'où l'on puisse battre longtemps l'ennemi.

Ne point engager de combats d'artillerie contre artillerie, à moins que les troupes de l'ennemi ne soient à couvert et son canon exposé ; à moins encore que vos troupes, souffrant plus de son feu que les siennes du vôtre, ne puissent remplir l'objet qu'on leur demande avant de l'avoir éteint.

Embrasser de son feu tout le terrain du champ de bataille ou le terrain le plus couvert de troupes, et non tirer sur un but resserré.

Tirer avec plus de vitesse à mesure qu'on peut tirer avec plus d'exactitude.

User de la cartouche à des distances moindres que celles prescrites par les tables, si le champ de bataille est un terrain inégal, mou, couvert, plongeant ou plongé.

Ménager à propos ses munitions.

N'abandonner son canon que lorsque l'ennemi entre dans vos batteries. Les dernières déchargees sont les plus meurtrières; elles feront votre salut peut-être et à coup sûr votre gloire.

§ 2.

APPLICATION DES PRINCIPES AUX DIFFÉRENTES ACTIONS DE LA GUERRE DE CAMPAGNE.

I.

Batailles rangées.

Personne n'ignore le grand embarras, la grande inquiétude de ceux qui commandent les armées, surtout quand ils se déterminent à recevoir la bataille pour assurer leurs flancs. Il est étonnant qu'aucun des auteurs tacticiens avant *du Pugey* n'ait proposé pour cet effet une nombreuse artillerie. C'est une des meilleures ressources ; on la mène partout, elle ne nous abandonne jamais ; elle a cet avantage qu'elle attaque et défend en même temps de près et de loin ; qu'elle sert contre les colonnes aussi bien que contre les bataillons, et qu'elle est également terrible à l'infanterie et à la cavalerie. D'un autre côté le centre ne mérite pas moins d'attention ; combien d'armées battues pour l'avoir énervé !

Quand le terrain est à peu près égal sur tout le front de la bataille, on doit partager toute l'artillerie en quatre divisions, une pour chaque aile, la troisième pour le centre ; et la quatrième pour la réserve[1], tellement disposée qu'on la puisse porter aisément et sans retard partout où il sera besoin de redoubler de feu et d'efforts.

La réserve d'un certain nombre de pièces est un objet essentiel. Combien d'inconvénients peuvent résulter quand on est obligé de tirer des troupes et du canon d'une droite ou d'une gauche pour les avoir ailleurs.

Il est vrai que le général qui attaque est plus à son aise sur cet objet que celui qui se défend ; il peut donc et doit même ne pas s'astreindre à partager son canon par divisions égales. Plein de son projet d'attaque, il

1. La réserve doit être formée d'un sixième du canon du parc dont les trois-quarts en pièces de 4. Il faut la placer derrière la première ligne, la subdivisant, si le front de l'armée est étendu.

combine, dispose ses forces et ses armes de manière à porter des forces plus considérables sur tel point de l'ennemi qu'il aura reconnu être le plus faible.

Quand l'attaque sera résolue et que les troupes se mettront en mouvement, l'artillerie marchera un peu en avant, selon les divisions qui en auront été faites, jusqu'à ce qu'elle soit à portée de tirer avec avantage. Alors elle commencera son feu, et le continuera aussi longtemps qu'il sera possible sans incommoder la marche de l'armée. Si l'officier qui la commande à chaque partie s'aperçoit qu'il est à propos de s'approcher, il laisse continuer le feu par un certain nombre de ses pièces et fait avancer l'autre vers le poste qu'il reconnaît pour plus avantageux, les y met en batterie, et dès qu'il a recommencé à tirer le reste marche et vient le rejoindre; ainsi, d'emplacements en emplacements, il peut se porter jusqu'à ce qu'il en occupe un d'où il puisse incommoder l'eunemi pendant toute l'attaque, soit dans ses batteries, soit dans ses mouvements, suivant l'occurrence. L'ennemi venant à perdre du terrain, la même manœuvre se continue tant qu'il plaît au général de le poursuivre en corps d'armée; mais il peut arriver aussi que l'attaque ne réussisse pas. Dans ce cas malheureux il faut rétrograder avec les mêmes précautions qu'on a avancé. D'ailleurs, il est à présumer que le général n'aura point engagé toute sa ligne, et qu'il aura posté des troupes appuyées de fortes batteries pour assurer sa retraite en cas d'événement malheureux. Si l'armée attaquante a l'avantage de pouvoir disposer son artillerie suivant un seul point de vue, l'armée qui est sur la défensive a celui d'attendre de pied ferme et par conséquent de diriger ses coups avec plus de certitude. Il faut se placer de telle sorte que l'on puisse prendre d'abord en écharpant les troupes ennemies, et ensuite de flanc ou même de revers. Les jardins, les fermes, les hameaux ou villages qui se rencontrent sur le front et aux ailes de l'armée, les rampes et les crêtes des côteaux, les bois et broussailles servent admirablement dans ces occasions. Au reste, il est rare que tous les endroits soient également attaquables; par conséquent l'on sera presque toujours en état de porter une plus grande quantité d'artillerie aux points dont l'accès sera le plus aisé, mais toujours avec la sage précaution de ne pas se dégarnir entièrement dans les parties qui paraissent les moins accessibles. Le canon n'y sera pas inutile, puisqu'il pourra toujours protéger les parties collatérales. L'ennemi repoussé de toutes parts, et par la bravoure des troupes et par l'effet de l'artillerie, celle-ci continuera de le mettre en désordre jusqu'au moment de le poursuivre. Alors le combat ayant changé de nature, l'on se conduira comme dans une attaque heureuse ; au contraire, dans la nécessité d'abandonner le champ de bataille, on observera ce que j'ai dit plus haut touchant les retraites après une attaque manquée ; et si le général a eu l'attention de faire reconnaître en arrière de son champ de bataille quelque position avantageuse en y faisant conduire des pièces de la réserve, il assurera sa retraite.

II.

Attaque et défense des retranchements.

La seule règle que prescrivent plusieurs livres de guerre, au sujet de l'artillerie dans les camps retranchés, est qu'il la faut placer dans l'endroit le plus avantageux. Cela est trop vague et ne porte à l'esprit aucune idée claire qui serve de point fixe dans la pratique. Voici donc quelques limites entre lesquelles ces règles me paraissent se renfermer.

Il est probable qu'en retranchant les armées dans des camps à demeure l'on aura soin de diminuer le nombre des fronts attaquables, soit par la nature des postes que l'on choisira, soit par les efforts de l'art, en construisant des ouvrages capables d'une résistance proportionnée à l'importance de la position. Le coup d'œil du général décide des premiers ; dans le second, il doit être aidé d'ingénieurs habiles et actifs ; quant au succès de la défense, il dépend de la fermeté des troupes et du bon usage de l'artillerie, dont on réglera ainsi la disposition générale.

1° Les grosses pièces doivent être placées aux postes inaccessibles, et sous la protection des ouvrages les plus capables d'une grande résistance, de manière à se croiser devant plusieurs fronts et à pouvoir tirer de jour et de nuit sans incommoder une partie de la ligne.

2° L'on se gardera bien d'embrasser l'artillerie dans des ouvrages fermés, ou de la mettre tellement hors de la ligne qu'il soit impossible de la retirer au besoin; car il importe de pouvoir la faire conduire d'un lieu à un autre, suivant les progrès de l'ennemi ; et, au cas que quelqu'une de ses attaques lui réussisse, les pièces doivent être promptement menées dans des emplacements reconnus d'avance, d'où elles puissent l'arrêter au milieu de ses succès et servir aux troupes de point de ralliement.

3° S'il y a un vallon, un chemin creux, un bois qui facilite aux ennemis l'approche des retranchements, on ne manquera pas de diriger des batteries sur ces débouchés.

4° Les petites pièces seront mises dans les redans les plus avancés sur la campagne, de manière à ne gêner ni diminuer le feu de la mousqueterie.

5° Si l'on préfère aux redans joints par de longues courtines le système du maréchal de Saxe, des ouvrages ou redoutes détachées, il n'y aura point d'autres règles que de placer les batteries sous le feu des redoutes, aux ailes et vers le centre, à telle distance l'une de l'autre qu'elles puissent se protéger mutuellement, flanquer les redoutes et changer aisément de position. Il faut dans toutes les espèces de retranchements que ces batteries soient sans embrasures ; mais en revanche l'on doit les couvrir par de forts épaulements contre les enfilades et les ricochets.

Ce ne sont là que des limites qu'il faudra étendre ou resserrer au gré des circonstances variables à l'infini ; mais ces principes suffisent pour servir de guides dans l'occasion.

III.

Attaques.

Il est facile de concevoir qu'il en doit coûter beaucoup de monde pour forcer de bons retranchements, défendus par de braves troupes et protégés par de l'artillerie bien disposée. Mais il n'y a point d'entreprise qui ne se tente à la guerre ni de difficultés insurmontables. Les auteurs militaires ont tous donné des préceptes pour le mouvement et les dispositions les plus avantageuses à donner aux troupes dans cette occurence; mais peu ou point sont entrés dans les détails des services essentiels que l'artillerie employée avec intelligence peut rendre pour assurer le succès de l'entreprise et en diminuer les difficultés. On dirait qu'elle ne peut y faire autre chose que de tirer quelques coups de loin.

Un général d'armée ne se déterminera très-vraisemblablement à une action aussi dangereuse que celle d'attaquer une armée retranchée qu'après avoir prévu tous les obstacles et les moyens de les surmonter; enfin il aura formé son projet d'attaque d'après les observations les plus multipliées, tant sur le terrain que sur le plan des lignes ennemies (s'il a pu s'en procurer un).

S'il prend la résolution d'attaquer, on fixe le commencement de l'attaque quelques heures avant le jour. On espère surprendre l'ennemi plongé dans le sommeil ; mais il ne faut pas se reposer entièrement là-dessus ; car après tout les camps ne sont éloignés des parapets que d'environ 233^{m},88 ; il y a des sentinelles, des patrouilles, des gardes avancées, qui probablement donneront l'alarme ; et chaque partie de l'armée ennemie connaît la position qu'elle a à prendre en cas d'attaque. Je suppose cependant que l'entreprise réussisse aux vraies attaques et que l'on soit entré dans les retranchements; c'est déjà beaucoup, mais ce n'est pas assez ; il s'agit de se maintenir dans les postes emportés. Huit ou dix pièces de canon placées un peu en avant des débouchés et soutenues à droite et à gauche par les premières troupes y contribueront autant que tout autre moyen. Elles arrêteront, par un feu vif et suivi, l'ennemi qui voudrait tenter de se rétablir et donneront aux colonnes le temps d'entrer et de se former. D'où il s'en suit comme règle générale : qu'il faut, à la suite des premières troupes destinées aux vraies attaques, faire marcher huit ou dix pièces de 4 avec un nombre suffisant de travailleurs pour leur faire une entrée dans les retranchements dès qu'ils auront été forcés.

La grosse artillerie ne doit pas être moins utile, dans ces occasions, que la plus légère ; elle sera conduite en silence aux emplacements désignés, le plus à portée qu'il se pourra des vraies attaques; et dès que le combat aura commencé, elle tirera non sur les retranchements, mais sur le camp ennemi, pour achever d'y mettre la terreur et le désordre et empêcher les troupes de s'y former. Le bruit si ordinaire dans ces moments d'alarme lui donnera une sorte de direction malgré l'obscurité, et d'ailleurs sa position doit être reconnue d'avance. Tout consiste à prendre quelques précautions de détail pour arriver à temps, suivre à propos la marche des attaques et n'en point incommoder la tête.

On peut encore se servir de quelques grosses pièces aux fausses attaques, pour donner le change aux ennemis; mais les stratagèmes ne sont point des règles.

Ces manières d'employer l'artillerie sont bien les seules qui puissent avoir lieu pour les attaques de nuit; mais elles ne leur sont point particulières et peuvent être également utiles aux attaques qui se feraient en plein jour; on y trouvera même plus de facilité, les objets se présentant plus distinctement.

Toutes choses égales d'ailleurs, si les retranchements forment, par de longs côtés, un angle bien saillant dans la campagne, il sera plus aisé de réussir en marchant sur la capitale de cet angle que contre un front aplati et à plus forte raison que contre un front à tenaille. Dans ce cas la position de l'artillerie est beaucoup plus facile ; une batterie de huit ou dix pièces du plus gros calibre du parc sera placée sur l'alignement de chaque branche. Une partie de ces pièces ruineront les fraises, les palissades de toutes espèces, les abatis, pour préparer le chemin à l'infanterie; les autres prendront, de flanc et à dos, tant les troupes qui borderont le parapet que celles qui se tiendront à portée, soit en colonne ou autrement.

Au lieu d'un angle saillant, les avantages du pays et l'habileté de l'ingénieur qui a fortifié les lignes obligent quelquefois celui qui attaque de se jeter dans un rentrant. Par plus d'un hasard de semblables positions peuvent se trouver, surtout dans la guerre de montagne, où une petite armée trouve quelquefois le secret d'en enfermer une plus grande ; alors l'on tente l'impossible, pour avoir un grand nombre de pièces qui battent les branches de la tenaille, en dedans et en dehors, sur toute leur longueur. De ces batteries et de la bravoure des troupes dépend le salut de l'armée.

Les retranchements en portion de courbe convexe ou concave appartiennent aux deux espèces précédentes et s'attaquent suivant les mêmes principes, avec les restrictions convenables. Pour les fronts d'une grande étendue et sensiblement en ligne droite et tous les retranchements dont les extrémités ne peuvent être tournées, il sera nécessaire de placer, sur la droite et la gauche des attaques, de nombreuses batteries qui tirent selon une direction qui fasse avec la ligne de l'ennemi un angle aigu. La plus mauvaise position contre des lignes est de ne pouvoir battre que perpendiculairament aux courtines, parce qu'on ne ruine presque rien.

Quand on est forcé d'attaquer par un village fortifié,

il n'y a rien de particulier dans les dispositions préliminaires. Aussitôt que les premiers retranchements sont forcés, on y fait entrer le canon ; si l'ennemi résiste trop, l'"ncendie doit décider de l'affaire, des obus jetées avec profusion lui font bientôt quitter un tel poste. Une attention à avoir dans tous les cas est de ne négliger aucun des moyens imaginables pour couvrir et défendre ses rouages. Le terrain en offre communément à ceux qui ont de bons yeux, et l'art peut en procurer aussi, pour peu que l'on ait du temps devant soi.

Si l'armée était retranchée suivant la méthode du maréchal de Saxe, couverte par des redoutes, j'imagine que l'on s'arrêtera au dessein de ne prendre qu'un certain nombre de ces redoutes, afin de s'ouvrir seulement l'espace nécessaire pour porter des forces supérieures contre une partie de l'armée ennemie (un des flancs par exemple), tenant les autres en échec. Je crois qu'alors l'objet de l'artillerie sera d'écraser les redoutes auxquelles on en veut, par un grand nombre de pièces et principalement par des obus; on pourrait même s'y prendre dès la veille de la bataille pour les battre en ruine, et au moment de l'attaque, pendant que l'infanterie insulterait les redoutes, tout le canon se dirigera contre les troupes et les batteries ennemies qui se présenteraient dans les intervalles et voudraient venir renforcer les parties attaquées [1].

IV.

Affaires de postes.

Les postes ne sont que des retranchements peu étendus ou plutôt des endroits susceptibles par eux-mêmes de quelque défense, et qui ne doivent presque rien à l'art : tels que les villages entourés de haies, de fossés, de chemins creux, les petits bois fourrés, les vignes, les houblonnières, en un mot tous les lieux qu'il faut attaquer avec désavantage pour arriver au gros de l'armée ennemie ou pour déboucher dans des terrains d'où l'on puisse se former en bataille ; il suit de là que tout ce qui a été dit sur l'usage de l'artillerie, relativement aux armées retranchées, convient aux affaires de postes, à la réserve que les points d'attaque et de défense sont plus déterminés. Ainsi il n'y a que des observations de détail à y ajouter.

1. Il faut observer que, dans l'emploi de l'artillerie contre un retranchement ou poste, la manière de la pointer varie suivant la nature des objets à battre ; si les parapets sont de terre, on ne peut avoir d'autre but que de les écrêter, de détruire les embrasures, et rendre le séjour du terre-plein impossible aux artilleurs ennemis, en rasant le parapet et ses merlons; ainsi on doit viser en haut. Si c'est un mur de brique ou de maçonnerie, c'est son pied que l'on doit battre, l'ébranlement de cette partie en entraînant nécessairement l'éboulement total.

Rien ne doit arrêter, dans ces occasions, l'impétuosité de l'infanterie qui attaque, mais il faut préparer le moment favorable et faciliter l'entreprise par de nombreuses batteries capables de rompre les obstacles, et tellement disposées qu'elles n'interrompent point la marche ou les autres dispositions. Aussitôt que les troupes seront arrivées au point de commencer l'attaque et que les batteries ne pourront plus tirer contre les premiers obstacles, elles dirigeront leur feu sur l'intérieur du poste, pour arrêter les secours qui pourraient venir aux endroits attaqués et pour empêcher que les ennemis, après avoir abandonné les premières défenses ne se reforment tranquillement derrière les secondes; c'est alors qu'il est utile de connaître exactement les lieux, et que les officiers principaux de l'artillerie ne peuvent se donner assez de mouvements pour découvrir toutes les ressources de l'ennemi.

A mesure que l'attaque réussit et que les troupes victorieuses s'avancent dans les postes, l'artillerie doit les suivre; d'abord le petit canon, ensuite le gros, en prenant la précaution de ne pas s'engager trop tôt ni trop loin, ou dans des chemins impraticables; lorsqu'enfin l'ennemi est entièrement chassé, l'on doit placer des batteries sur toutes les avenues par où il pourrait revenir, afin que, sous leur protection, les différents corps qui ont attaqué, et qui ne sauraient manquer d'être un peu en désordre, aient le temps de se reconnaître et de se reformer. On ne saurait douter qu'en employant ainsi l'artillerie à l'attaque des postes ils seront plus facilement emportés et avec moins de perte.

Mais elle ne contribuera pas moins à une belle défense. L'officier qui la commandera dans un poste considérable et où il y aurait plusieurs emplacements à prendre successivement pour les troupes et pour le canon, y peut acquérir beaucoup de gloire. Après avoir mis en usage dans les premiers emplacements tous les moyens que la prudence et la fermeté lui suggéreront pour battre de front, de flanc et de revers, les bataillons ou les colonnes qui attaquent; après avoir envoyé les derniers coups à cartouches, s'il faut céder, il retirera les pièces, en commençant par les plus grosses, derrière les seconds emplacements, et des seconds derrière les troisièmes. Même feu, même vigueur, mêmes chicanes à chaque position. L'ennemi, également bien reçu par le feu de l'artillerie et celui des troupes, pourra se rebuter. Peut-être aussi qu'il n'abandonnera pas son entreprise; il est le plus fort, il a l'avantage de déborder, ses coups de canon venant de la circonférence au centre auront plus d'effet; ainsi l'on doit croire qu'on se rendra maître du poste, s'il n'est pas absolument imprenable. Cependant tout n'est pas encore fait, ni du côté de l'artillerie ni du côté des troupes[1] : il peut à son tour être chassé, et des attaques bien combinées le repousser. (Je renvoie ces plus grands détails à l'article fortification.)

V.

Passage de rivière à force ouverte.

S'il y a sujet de s'étonner qu'avant l'usage du canon l'on ait pu traverser à gué ou sur des ponts une rivière considérable devant une armée rangée sur l'autre bord, et la battre ; s'il est incontestable que généralement parlant cette entreprise a toujours été regardée comme une des plus périlleuses de la guerre ; il n'y a

1. Pendant que les grenadiers soutiennent ces derniers efforts, les batteries seront placées hors du poste, dans des endroits avantageux reconnus avant le combat, d'où elles l'envelopperont comme il les avait enveloppées, et les troupes se reformeront auprès d'elles ; quelque bravoure qu'aient montrée les bataillons attaquants, ils seront nécessairement un peu rompus et auront besoin de reprendre haleine, soit pour se soutenir, soit pour aller en avant. Ce moment de repos donnera le temps au général de l'armée qui couvrait le poste de faire ce qui lui conviendra, ou pour le reprendre, ou pour se précautionner contre les suites de la perte qu'il vient de faire ; on ne manque pas d'exemples de l'un et de l'autre.

Les Impériaux firent une partie de tout ce que je viens de dire pour la défense du petit bois qui couvrait leur gauche à Enshcim, près de Strasbourg, mais ils n'y mirent pas assez de canon ; qu'était-ce que 2 pièces au premier retranchement et 6 au second ? Est-ce ainsi qu'on se prépare à soutenir un poste de la dernière importance ? Encore le laissèrent-ils prendre. Cependant les six pièces du second retranchement arrêtèrent les Français

point de doutes qu'elle ne doive paraître encore plus difficile quand celui qui s'y oppose, avec des forces à peu près égales, a une nombreuse artillerie dont il sait faire usage; car que peut faire un général qui tente le passage dans ces circonstances? Il tâchera d'embrasser par de fortes batteries et le plus de feu possible l'espace où il veut former ses troupes. Il profitera de toutes les hauteurs d'où il pourra battre avec du canon, par un feu direct, et la plaine et les débouchés favorables à son ennemi ; peut-être même aura-t-il l'avantage de pouvoir employer toute l'artillerie d'une place forte située de son côté, pour foudroyer l'autre rive ; comme *M. de Villars* à *Huningue*, et comme le prince *Charles de Lorraine* s'efforça de

pendant trois heures, et ce ne fut qu'à force de troupes qu'il fut emporté. Que serait-il arrivé s'il y en avait eu un plus grand nombre ? Il faut croire que, du côté des Français, quelque circonstance particulière empêcha M. de Saint-Hilaire, qui commandait l'artillerie, de faire tout ce qu'il aurait voulu. Ce n'était pas assez de quelques pièces légères et de quelques volées contre le premier retranchement; la faute est encore plus grande de n'en avoir pas amené pour attaquer le second et pour en placer hors du bois après l'avoir pris. Heureusement que les ennemis en abandonnèrent huit, et que M. de Turenne qui voyait tout, qui embrassait tout, qui connaissait le bon usage de toutes les armes, fit pointer ces huit pièces contre les ennemis à sa dernière tentative pour les repousser. Ne perdons jamais de vue ce trait de son histoire, il prouve évidemment qu'à la défense ainsi qu'à l'attaque des postes l'artillerie soulage et protége les troupes plus qu'on ne le croit ordinairement, et qu'avec elle on exécute facilement des choses qui coûteraient beaucoup et même seraient impossibles si l'on en manquait ou qu'elle fût mal conduite. (*Du Pugey*, p. 105, 106 et 107.)

le faire au *Vieux-Brisach*. Certainement l'effet de tous ces feux est redoutable et il facilitera merveilleusement le passage des premières troupes qui seront suivies d'un bon nombre de pièces légères pour fortifier la tête de l'armée qui s'avancera soit en colonne ou autrement; mais ce n'est là que le prélude de l'action.

Le général qui garde la rivière doit avoir une connaissance parfaite de tous les gués, de tous les endroits propres à l'établissement des ponts, et prendre d'avance toutes sortes de précautions pour n'être pas surpris.

La promptitude de l'exécution peut seule faire réussir pareille entreprise; il ne s'agit de part et d'autre, dans ces occasions, que de se montrer vivement et à découvert.

Arrivé à temps vis-à-vis de l'ennemi, on placera ses grosses pièces à droite et à gauche, de manière qu'elles puissent tirer sur l'entrée du passage, et les batteries qui le protègent sur le passage même, quel qu'il soit, et à la sortie sur les flancs des troupes qui auraient déjà traversé la rivière. Les autres seront placées circulairement en 3 ou 4 divisions pour réunir tous les feux sur les mêmes objets et à une juste distance. Cette tempête durera dans toute sa force jusqu'au moment où le général se déterminera à marcher directement contre la tête des troupes ennemies qu'il aura jugé à propos de laisser passer ; et pour lors les seules batteries collatérales continueront le ravage.

Cela est fort aisé à dire, et ne le serait pas moins à faire sans les batteries de l'autre bord ; mais nous serons en butte à leur tir, et comment faire pour n'en être pas accablés? comme on fait en pleine campagne entre deux armées qui en viennent aux mains ; comme on fait lorsque l'on attaque des retranchements ; l'on profitera de tous les couverts que le terrain pourra présenter.

Si l'on peut avoir recours aux épaulements, tant mieux ; mais il n'y a pas apparence qu'un général choisisse pour son passage l'endroit que son antagoniste aurait enveloppé d'un retranchement. Au surplus, quelque liberté qu'ait l'ennemi de choisir le lieu de son passage, il est rare que tous les avantages soient pour lui. D'abord l'artillerie de l'armée qui veut passer est souvent éloignée, surtout quand la rivière est large ; si elle est sur les côtés d'une anse on la peut prendre en rouage ; ensuite une partie s'éteint nécessairement à mesure que le passage s'exécute ; elle a plusieurs points à battre fort éloignés les uns des autres ; et son plus grand effet est de tuer des hommes. Au contraire, l'artillerie qui défend le passage se place à la portée qu'elle veut et qu'elle a prévu ; tire en totalité sur un espace peu étendu, rempli de troupes qui se pressent et souvent se culbutent; enfin, outre qu'elle fait un dégât terrible dans les bataillons, il peut arriver très-aisément qu'elle rompe les ponts par des coups perdus en apparence : tout dépend de ne pas éparpiller son feu ; c'est un principe duquel on ne doit jamais s'éloigner [1].

Les descentes ou les débarquements tiennent tout à fait aux passages des rivières : on ne dit rien des unes qui ne convienne aux autres. Partout les mêmes principes à suivre, les mêmes manœuvres à exécuter ; en considérant cependant que la descente est plus dangereuse quand elle est prévue, et que le rembarquement forcé ne l'est pas moins. Quant aux opérations de simples précautions, qui ont lieu le long des côtes et des rivières, elles ne demandent qu'une étude bien entendue des endroits où l'on veut placer les batteries. Sur les côtes et plages, où l'ennemi peut venir embosser de gros vaisseaux, il faut écarter les pièces pour lui donner moins de prise ; alors il est sage de joindre à ces batteries de gros mortiers et garder les petites pièces pour seconder les troupes qui attaqueraient les ennemis qui auraient débarqué.

1. Est-il étonnant que, malgré sa glorieuse victoire, l'illustre *Montécuculi* ait toujours regretté de n'avoir presque point eu d'artillerie à la mémorable journée de Saint-Gothard. Quel modèle pour tous les généraux que cette journée!

VI.

Guerre de montagne.

Un général qui conduit son armée dans des montagnes peut avoir trois objets à remplir : simplement de les traverser, soit en marchant à l'ennemi, qui n'a pas encore eu le temps de s'y poster en force, soit en faisant retraite devant lui ; 2° de forcer des passages bien gardés ou enfin d'y faire une guerre défensive. Quand le souverain, chez qui se porte la guerre, n'aurait pas eu le temps de mettre ses principales forces dans les montagnes qui séparent de ses États, il est à présumer qu'il y jettera au moins quelques troupes commandées par un officier habile qui en connaisse les routes, les gorges, les issues. Souvent une poignée de monde, conduite par quelqu'un qui connaît cette guerre, peut faire échouer le plus grand projet et arrêter l'ennemi au premier pas. Il y a des mesures à prendre pour traverser les montagnes sans essuyer d'échec d'autant plus honteux qu'il serait donné à découvert. L'artillerie entrera comme les autres armes dans ces sages précautions. Chaque jour de marche, il est nécessaire, pendant toute la traversée, que la plus grande partie des pièces soit mise à l'avant-garde, l'autre à l'arrière-garde et le reste au centre. Les premières serviront à repousser ce qui pourrait se présenter pour retarder la tête de l'armée. Chemin faisant, l'on aura soin d'en laisser autant qu'il conviendra à l'entrée des gorges qui tombent sur la route pour servir contre les attaques de flanc que l'ennemi pourrait tenter. Mais ce n'est pas assez d'assurer la tête et les côtés de la marche; l'ennemi, à la faveur des gens du pays et de ses propres connaissances, peut se glisser sur les derrières; c'est à les couvrir et les défendre que sont destinées les pièces de l'arrière-garde, qui ramassera en avançant tout le canon laissé pour les défenses collatérales. La raison qui prescrit cet ordre de marche est l'impossibilité qu'il y aurait, dans des pays coupés et serrés, d'aller chercher au loin ce qui manquerait au moment de l'action. A l'égard des manœuvres propres à chaque instant, chaque lieu, elles entrent dans les combinaisons particulières qui sont sans bornes et sans nombre.

Si cet ordre de marche est utile en allant à l'ennemi par des montagnes, il le sera bien plus encore lorsque des événements malheureux ou d'autres motifs forcent à se retirer par les mêmes pays.

En parlant des affaires de postes et des retranchements, on a presque indiqué tout ce qui regarde le canon pour l'attaque des détroits, des gorges, des vallées et pour leur défense. Ces différentes actions ont entre elles un rapport constant qui ramène ordinairement l'une à l'autre [1].

Quelque soit l'objet qui détermine le général à manœuvrer dans les montagnes, il résulte, d'après

1. La guerre de montagnes est une guerre de ruse. L'artillerie peut beaucoup contribuer aux succès de ces ruses de part et d'autre. Un petit nombre de braves soldats parvenus sur les derrières ou sur le flanc de l'ennemi le déconcerte souvent et décide l'affaire. Que sera-ce s'ils peuvent mener avec eux quelques pièces de 4? Si l'on parvient à l'enfermer pêle-mêle entre des montagnes, dont on tient les issues, quels ravages ne fera pas l'artillerie dans son armée? La même chose arrivera lorsqu'il se sera imprudemment engagé dans une marche à travers des défilés et qu'on pourra l'attaquer en même temps par la sortie et par l'entrée. L'artillerie sert pareillement pour sortir d'embarras et pour rompre le piège où l'on serait tombé. L'on peut forcer un passage sous la protection d'un grand feu de canon; l'on peut aussi, par le moyen de plusieurs batteries, lui donner le change et s'échapper d'un autre côté. La nécessité ouvre mille idées à un homme qui fait le métier de la guerre sur des principes bien médités. Est-il question de la force ouverte et d'une attaque prévue depuis longtemps? Les effets de l'artillerie ne sont pas moins considérables. Le plan des trois combats donnés près de Fribourg en Brisgaw, le 3, le 5 et le 9 août 1644, est un tableau abrégé, mais admirable, des opérations de la guerre dans les montagnes; quelles mains en ont tracé l'ordonnance? Un *Turenne*, un *Condé* pour l'attaque; un *Mercy* pour la défense. Ne sera-ce pas une audace extrême de dire qu'un meilleur usage de l'artillerie en aurait rendu l'exécution plus facile et plus brillante au général Bavarois? Non, puisque la chose est évidente. Du côté des Français, je ne craindrai pas de dire aussi qu'il est étonnant de ne voir et de n'entendre rien de leur canon dans les relations de cette triple bataille. J'ai vu le pays : avec un peu de peine, il y aurait eu de beaux emplacements à prendre; l'ardeur du prince de *Condé* n'a-t-elle pas été la cause de ce silence. Il ne voulait pas que rien suspendît la plus prompte exécution de ses ordres, et il le payait quelquefois assez cher, ou plutôt son armée. Les observations à faire sur ce sujet mèneraient trop loin. (*Du Pugey*, pages 121, 122, 123, 124, 125.)

l'expérience la mieux réfléchie, qu'il ne faut employer dans les montagnes que les fusils de rempart, les pièces de 3, de 4, l'obusier de 0m,16, le mortier de 0m,22; et que, pour les pièces de 8 et de 12, il ne faut en mener que le moins qu'on pourra, et lorsque quelque retranchement, petit fort ou château, etc., fera prévoir qu'on a besoin de ces calibres et qu'on pourra les employer avec succès; car, de songer à les mettre en position, c'est multiplier l'embarras pour un objet que le 3 ou le 4 remplit plus facilement; en effet, ce calibre suffit pour tirer contre des hommes, des affûts, des voitures ; il fournit aisément la portée où l'artillerie est meurtrière ou peut être comptée pour quelque chose.

En demandant des pièces de 8 et de 12 pour mettre en position dans les montagnes, on l'a fait par analogie à ce que les batteries de position en plaine sont la plupart de ce calibre ; sans songer que, forcé à avoir dans une armée du 12 et du 8 pour les retranchements, abatis, étendues de position d'armée, largeur de rivière, etc., il était tout simple d'employer ce canon plus pesant à ces batteries, qui avaient moins besoin d'être mobiles, et dont souvent le 4 remplirait l'objet. Dans les montagnes, ce ne sont plus les mêmes obstacles, les mêmes circonstances : c'est la difficulté naturelle ou artificielle des approches d'une position qui la défend plus que le relief de son retranchement ; et, si on ne peut la battre que de 800 à 1000 mètres, l'incertitude du tir rendra le 8 et le 12 aussi inutiles que le 4; ce ne sera plus le cas de faire agir l'artillerie. On n'aura pas non plus de grandes étendues de terrain en avant d'un front de bataille à traverser de feux croisés pour avoir besoin du 12 et du 8. Si ce sont des défilés, des passages à battre, le 4 suffit.

V.

MÉMOIRE

SUR L'EMPLOI DE L'ARTILLERIE DANS L'ATTAQUE DES PLACES.

I.

Investissements, reconnaissance de la place, ouverture de la tranchée.

Je ne m'étendrai pas sur ce qui doit précéder, fixer la détermination d'un siége : cet objet appartient aux plans de campagne; et je remets à en parler dans l'article des grandes opérations d'armée. Cette résolution prise, la première démarche est d'investir la ville dont on veut faire la conquête. Si elle est grande, pourvue d'une forte garnison et environnée de défilés, l'officier général chargé de l'investir ne pourra guère se passer d'un certain nombre de pièces de canon tirées des équipages de campagne. Le canon sera placé dans les endroits par où la garnison pourrait venir en force inquiéter les troupes de l'investissement ; brûler des maisons qu'il importe de conserver; détruire des couverts avantageux à l'assiégeant, ramasser du bois ou d'autres choses nécessaires à la défense. L'on en mettra aussi dans les lieux propres à faciliter l'entrée des petits secours, quand les autres places de l'ennemi ou son armée sont à portée d'en envoyer.

Ces dispositions faites, les officiers d'artillerie s'occuperont, de leur côté, comme les ingénieurs du leur, à visiter les environs de la place, ainsi que le terrain propre au campement de l'armée et aux lignes que le général pourrait ordonner. Il faut tenir de ces remarques des notes circonstanciées que l'on remet aux chefs. Dès que les troupes destinées à investir la place ont reçu l'ordre de marcher, les premiers convois de l'artillerie se mettent aussi en mouvement avec l'attention de faire avancer d'abord les effets dont on peut avoir le plus besoin en commençant. De ce nombre sont les outils tranchants et à pionniers.

On n'établit ordinairement, ou du moins on ne doit établir le parc d'artillerie [1] que relativement aux attaques. Il est indispensable qu'elles soient dési-

1. La grande difficulté ne consiste pas à former l'état général des approvisionnements, mais à bien disposer les magasins particuliers, d'où il faudra tirer chaque espèce ; le nombre des convois, le moment de leur départ et celui de leur arrivée, pour que tout soit apporté sans langueur ni sans confusion ; les em-

gnées avant que d'en fixer le lieu, pour ne pas tomber dans le cas de la déplacer après coup, de semblables manœuvres retardant considérablement et coûtant trop d'argent et de fatigues.

Pour déterminer une attaque il faut examiner quel front de la place peut être plus aisément enveloppé par les tranchées, battu par des feux croisés de revers et d'enfilade, et ouvert par des feux directs. Une forteresse est d'autant plus difficile à prendre qu'elle a moins de fronts susceptibles d'être ainsi embrassés, soit que l'art ou la nature lui ait donné cet avantage.

Il n'y a pas toujours à délibérer sur l'attaque. Les escarpements des marais impraticables, de vastes inondations qui ne peuvent être saignées, la mer, des rivières larges et profondes, et d'autres obstacles insurmontables la fixent souvent sur tel front ou tel ouvrage. D'autres fois elle dépend des circonstances particulières de la position de la place, de la facilité des convois, de la proximité des matériaux nécessaires; mais ces dernières considérations ne sont pas absolument déterminantes. Alors les reconnaissances n'ont pour objet que le meilleur parti à prendre dans l'exécution.

barras augmentent et se multiplient en raison de l'éloignement des magasins, de la saison, de la qualité des chemins, de la promptitude qu'exige l'expédition, et de mille autres inconvénients qu'il serait trop long de détailler.

A l'égard des places attaquables par plus d'un endroit, l'incertitude ne roule ordinairement que sur deux fronts, et il est extrêmement rare qu'il s'en trouve trois sur lesquels il soit raisonnablement permis de rester dans le doute. C'est donc à bien reconnaître ces endroits qu'il faut s'attacher.

Rien n'est plus vrai qu'il faut attaquer la place par le côté le plus faible, la difficulté consiste à le découvrir.

Ici l'on voit plus de pièces à prendre, mais il est plus aisé de les battre et d'en approcher. Là on remarque que le front est moins hérissé d'ouvrages, mais il est tellement raplati qu'il est difficile de l'embrasser, et que, pour battre les défenses des ouvrages collatéraux et même celles des bastions par des batteries dirigées suivant les bonnes règles, il faut beaucoup s'étendre et prêter le flanc. Pour cette attaque l'on aurait à marcher sur une langue de terre resserrée par des marais ou une inondation et vue par des pièces de fortification savamment placées; mais avec un peu d'art, de travail et de patience, l'on pourra prendre telle position de batteries qui éteindra promptement le feu de ces ouvrages; après quoi la marche deviendra sûre et facile.

Quelquefois une partie de la place est sur une hauteur; mais la hauteur n'est pas entièrement inaccessible ni assez flanquée, de sorte qu'avec des batteries dont l'emplacement se trouve sans peine l'on peut en même temps en imposer au flanc, prendre les ouvrages et leurs communications par des ricochets, et y faire une large brèche. Ajoutant à ces remarques et à quelques autres de même genre celles qui regardent les environs de la place, la nature des fossés, les contre-mines, le revêtement ou non revêtement des ouvrages et le système de la fortification, l'on pourra parvenir au point de tracer un plan d'attaque avantageux.

La reconnaissance de l'artillerie doit donc appuyer spécialement sur l'emplacement des batteries; leurs distances de la place, les effets qu'elles auront, les difficultés de leur construction et le moyen de les vaincre. Je ne puis trop le répéter, c'est la partie essentielle ; car, dit M. de Vauban, *l'artillerie prend les places*.

Mais il ne faut pas que les officiers d'artillerie séparent leurs relations d'avec celles des tranchées. A leur tour, les ingénieurs qui sont chargés des tranchées, des places d'armes, des logements sur la contrescarpe, des descentes et passages de fossés et des établissements dans les ouvrages pris d'assaut, doivent diriger leur reconnaissance sur ces différents points de vue ; sans oublier que leurs travaux ne peuvent se soutenir que par la protection du canon et des mortiers. Il est même très-certain qu'un peu plus de difficulté dans la marche des tranchées n'est pas une raison suffisante pour rejeter une attaque qui donnerait à l'artillerie des positions favorables ; car aussitôt que les défenses sont bien nettoyées l'on vient aisément à bout du reste.

Les batteries de siége sont de deux espèces. Par les premières on se propose d'éteindre le feu de la place, de ruiner les parapets qui couvrent son canon et de détruire ses autres défenses afin de s'approcher de plus près et avec moins de risques de ses remparts, et établir alors sur la crête du glacis ou dans le chemin couvert les secondes batteries, qu'on appelle batteries de brèche. Les batteries de brèche servent à ouvrir les remparts et entrer dans la place.

II.

Position des premières batteries de canons.

On construit les premières batteries dans les 1re, 2e et 3e parallèles, pour éteindre tous les feux de la place qui peuvent incommoder l'attaque ; mais c'est d'abord contre les feux des faces des bastions, demilunes, lunettes, etc., qu'on dirige ses premiers efforts. Ces batteries peuvent avoir quatre positions différentes, relativement à la face que l'on veut battre.

1° Les batteries à ricochet d'enfilade contre une face sont les plus propres à démonter son canon, ce qui en éteint le feu. On les établit par conséquent sur une ligne perpendiculaire au prolongement de cette face.

2° Si cette position ne peut se prendre à cause des circonstances locales, comme rivière, marais, etc., on place la batterie en deçà du prolongement, prenant cette face d'écharpe et de revers intérieurement; cette batterie tirera à ricochet.

3° Si les mêmes circonstances empêchent de prendre la position précédente, on place la batterie de l'autre côté du prolongement battant la face d'écharpe extérieurement; cette batterie tirera de plein fouet.

4° Dans la quatrième position qui reste à prendre, on fait la batterie directe en la construisant parallèlement à la face qu'on veut battre; cette batterie tirera de plein fouet.

La première de ces quatre positions est la meilleure; 1° parce qu'elle bat toute la longueur de la face où le canon ennemi est emplacé; 2° les coups obliques d'un côté prennent d'écharpe le parapet intérieurement et le détruisent avec plus de facilité qu'en le battant directement, surtout s'il est percé d'embrasures ; 3° les coups obliques de l'autre côté labourent l'ouvrage et vont frapper de revers le flanc voisin : 4° enfin les coups trop bas dégradent le parapet de la face vis-à-vis.

La seconde position a évidemment les trois derniers avantages de la première; mais les mêmes obstacles qui peuvent empêcher de prendre celle-ci s'opposeront peut-être à ce qu'on prenne l'autre. Ce qui la rend moins bonne encore, c'est qu'en s'éloignant du prolongement, pour prendre de revers, on s'écarte de la tranchée, on s'isole trop, on est moins à portée des secours; aussi ne doit-on occuper cette position que lorsque les circonstances locales vous favorisent : comme serait une rivière qui empêcherait l'assiégé de venir jusqu'à vous ou un front de tranchée assez étendu pour vous protéger, etc., etc.

La troisième et la quatrième position, pour parvenir au même but d'éteindre le feu de la place, ont besoin de ruiner auparavant son parapet, ce qui rend l'opération bien plus longue. La troisième position a sur la quatrième les avantages suivant : en battant le parapet d'écharpe on le détruit plus aisément, et la position oblique de la batterie l'expose moins au feu de la face qu'elle attaque ; son emplacement indéterminé, à raison de son obliquité pour prendre d'écharpe et être moins en butte au feu de l'ennemi, est plus aisé à trouver que celui de la quatrième qui est déterminé, puisqu'on doit être sur une parallèle à la face.

Il résulte de l'examen des positions qu'on peut prendre pour battre une face d'ouvrage que :

Leurs degrés de bonté sont dans l'ordre qui suit :	La probabilité de pouvoir occuper ces positions suit cet ordre :
D'enfilade ou en rouage.	D'écharpe.
De revers.	Directement.
D'écharpe.	D'enfilade.
Directement.	De revers.

On voit que dans tous les cas la connaissance du prolongement de la face qu'on bat est nécessaire. Ce prolongement est celui du côté extérieur du parapet de cette face.

III.

Manière de prendre les prolongements.

A l'aide du plan de la place ou du front qu'on attaque, et d'une position avantageuse (comme arbres, clochers, monticules, etc.), on étudie de loin la disposition des ouvrages dont il faut prendre les prolongements, afin de les reconnaître plus aisément de près. On approche de la place à la distance nécessaire pour bien voir : on marche devant une face jusqu'à ce qu'on soit sur le prolongement de l'autre; on marque alors ce prolongement par 4 ou 5 piquets enfoncés de $0^m,162$, dont les têtes soient marquées d'un même nombre de crans, pour ne pas confondre les piquets d'un prolongement avec ceux d'un autre; pour bien voir, il faut s'aider des guérites placées aux angles flanqués et de l'épaule, des arbres plantées sur le terre-plein des remparts; on saisit le temps de la journée où des deux faces qui forment l'angle flanqué l'une est éclairée par le soleil et l'autre ne l'est pas. Si on manque de ces secours, si la fortification est rasante, si elle est à demi-revêtement, il faudra s'approcher le plus près possible de la place, afin de voir bien distinctement dans son opération.

Dès l'ouverture de la première parallèle, on détermine les prolongements. Dès que les parallèles sont ébauchées, on marque les points où les prolongements les rencontrent.

On a besoin, pour la justesse du tir, de savoir à peu près la distance où la batterie se trouve de l'angle flanqué dont on doit battre les faces. A l'aide de la trigonométrie, on pourra aisément résoudre le triangle formé par les deux prolongements et la ligne menée par leurs points de rencontre avec les parallèles; ce qui donne, 1° la distance de ces points au sommet de l'angle flanqué, d'où l'on déduira aisément la distance des batteries à ce moment; 2° la grandeur de l'angle flanqué; connaissance nécessaire à l'établissement de la batterie directe qui est parallèle à une face; 3° la position de la capitale.

Si on ne veut ou ne peut employer la trigonométrie, on se servira d'autres moyens expéditifs et moins exacts, mais qui le seront cependant assez pour ce qu'on se propose. La détermination de l'angle flanqué peut se faire avec une boussole; il est égal à la somme des angles que chaque prolongement fait avec l'aiguille aimantée.

IV.

Distance des batteries.

Si toutes les forteresses étaient régulières et d'une médiocre élévation au-dessus du niveau ordinaire de la campagne; si les fronts d'attaque pouvaient toujours être enveloppés parallèlement aux côtés du polygone et les tranchées faites dans un terrain ferme et uni, le plus grand éloignement des batteries serait entre 389^m,80 et 487^m,25; car à cette distance les coups sont plus assurés et font plus d'effet. Mais ces conditions ne se rencontrent guère; tantôt un inconvénient, tantôt un autre rejette au loin les meilleurs et souvent les seuls emplacements propres à bien nettoyer les défenses, et force à prendre les distances plus grandes qu'on ne voudrait. Les limites de la distance des batteries de canon à la place peuvent s'étendre à 1167 mètres, et même au-delà, suivant que la nécessité le demandera. On ne manquera pas de force, puisque la portée d'une pièce de 24, avec la charge ordinaire, sous l'angle de 15 degrés, passe 2338^{m},80. Cette règle a lieu spécialement pour les batteries dont les ricochets et les plongées sont si redoutables aux assiégés qu'il est de la dernière prudence de n'omettre aucun des moyens de se les procurer.

Mais il faut augmenter le nombre de pièces à mesure que l'éloignement est plus grand; pour racheter par la multiplicité des coups ce que l'on peut perdre en justesse et en force.

V.

Emplacement des batteries.

On place les batteries à 23^{m},38 ou 29^{m},23 en avant des parallèles. On joint les batteries à la parallèle par des boyaux de communication aboutissants à chacune des extrémités d'une batterie; on défile ces deux boyaux avec soin. (Quelquefois on se contente de ne faire qu'un boyau.)

On peut placer ces mêmes batteries dans la parallèle même, et, pendant qu'on les construit, pratiquer en arrière une espèce de demi-parallèle, pour laisser une libre communication aux troupes de service et ne pas gêner celles de l'artillerie. Il faut que ces demi-parallèles n'avoisinent point trop les batteries, et qu'il reste entre elles assez d'espace pour y établir les petits magasins à poudre qu'on éloigne de 11^{m},69 à 13^{m},64 de l'épaulement. En prenant cette position, on peut travailler aux batteries dès la pointe du jour qui suit la nuit où l'on a ouvert la parallèle, quand même celle-ci ne serait pas perfectionnée ; par ce moyen on peut tirer vingt-quatre heures plutôt ; employer douze heures de moins à la construction de la batterie et moins exposer les troupes destinées au service de l'artillerie... Mais la parallèle est interrompue; sa construction, à cause des demi-parallèles, en devient plus longue, et elle se trouve par là moins en état de résister, dès la première nuit, aux sorties des assiégés.

Si l'on fait des batteries dans les parallèles, il faut avoir soin de ne pas trop s'enfoncer, de s'élever même, s'il le faut, pour bien découvrir l'objet et d'affermir le terrain où doivent être les plates-formes, si ce terrain était mouvant.

Toutes les fois que la position de l'objet à battre e

la situation de l'emplacement de la batterie permettront de l'enterrer jusqu'à la genouillière, il faut profiter de cet avantage qui réunit le double mérite de procurer une construction plus solide et plus prompte. A juger avec impartialité, aucunes raisons ne doivent déterminer à placer les batteries toujours dans les parallèles ou à les en exclure toujours. Leur emplacement doit se régler sur le plus d'effet qu'elles pourraient produire et le moins d'inconvénients à craindre. Tout sentiment exclusif là-dessus ne vaut rien ; en avant de la parallèle, en dedans, plus à droite ou à gauche que ses extrémités, en arrière même quelquefois; dès qu'un emplacement est favorable, on serait condamnable de ne point s'y subordonner.

Outre les batteries de canon, on y en ajoute d'obusiers et de mortiers ; je me contenterai de parler de leur emplacement, leur construction n'ayant aucune différence de celle des batteries de canon, dans les règles à suivre pour y parvenir [1].

La vraie position des batteries d'obusiers est 1° au bout des demi-parallèles que l'on fait entre la deuxième et la troisième parallèle. On les dispose parpendiculairement au prolongement des branches du chemin couvert du front d'attaque; elles sont de trois

1. Consulter à cet effet le *Cours sur la construction des batteries*, publié par le Comité de l'Artillerie.

obusiers de $0^{m},24$; le premier doit porter son obus sur la banquette, on fera donc la première embrasure directe, et on biaisera un peu les deux autres. Leur objet principal est de détruire les palissades et d'empêcher l'ennemi de rester dans le chemin couvert. 2° l'autre position avantageuse qu'on peut donner aux batteries d'obusiers est à la troisième parallèle, à $38^{m},90$ ou $58^{m},47$ du chemin couvert, pour battre les six faces du front d'attaque, il n'y a ordinairement que deux obusiers à ces batteries dont les embrasures sont directes et perpendiculaires au prolongement qu'elles doivent battre.

Les batteries de mortiers pourraient se placer dès la première parallèle : des circonstances locales qui empêchent de les rapprocher de la place, forcent à les mettre à cette distance et quelquefois même à de plus éloignées [1], mais leur position la plus avantageuse est en avant de la deuxième et troi-

1. Plus une batterie de mortiers est éloignée de son objet, plus ont de forces les causes qui concourent à rendre incertain le jet des bombes, surtout celles qui viennent de la projection élevée : il faut donc s'étudier à ne pas les établir trop loin de la place. Quoique nos mortiers de $0^{m},324$, à chambres cylindriques, portent à plus de 1200 mètres sous l'angle de 42° à 45°, quoique les chambres poires ou sphériques doublent presque cette amplitude, quoiqu'il soit possible d'en imaginer dont la portée soit encore plus grande; l'on a fort sagement réglé de ne mettre aucune batterie de gros mortiers à plus de 800 mètres dans un siége en forme, où il ne s'agit pas de détruire des maisons au hasard, mais de tirer avec quelque justesse sur des fortifications. Pour les bombarde-

sième parallèle et au couronnement du chemin couvert. Puisque le jet des bombes a tant d'irrégularité, particulièrement sur la longueur des portées, on doit placer les batteries de mortiers de manière à pouvoir tirer avantage de ces variétés mêmes, en leur donnant une direction qui leur soumette beaucoup d'ouvrages. Deux fortes batteries de gros mortiers à droite et à gauche des attaques remplissent bien ce but. Peu de leurs coups seront sans effet contre l'assiégé par la quantité d'ouvrages à battre qui se trouvent sur leur chemin. On les place ordinairement à côté des batteries d'enfilade, sur le même alignement, quand on le peut, pour empêcher l'ennemi de tenir dans un ouvrage ou sur les capitales des ouvrages; là elles sont moins exposées. On les construit aussi autour des places d'armes rentrantes, surtout quand on les dirige contre les flancs des bastions du front d'attaque. Enfin, on peut les placer sur une direction quelconque, peu

ments, ces entreprises si couteuses, si barbares et si souvent inutiles, où l'on ne se propose d'autre but que de ravager une ville, quand les circonstances forceront d'y avoir recours, on s'éloignera davantage ou plutôt on s'approchera moins.

Il n'est pas nécessaire, je crois, de faire observer que pour les portées moyennes, et par conséquent pour un siége régulier, les chambres sphériques sont moins bonnes que les cylindriques, parce que les premières causent des variations étonnantes dès que la charge n'est pas complète; qu'elles consomment inutilement plus de poudre, et qu'elles tourmentent beaucoup les affûts et les plates-formes. Cela est évident pour quiconque voudra faire attention à leur forme particulière. (*Du Pugey*, p. 158 à 159.)

importe, pourvu qu'on sache la distance de leur emplacement à l'ouvrage qu'on doit battre et écraser de bombes.

En s'en tenant à l'idée ordinaire que les petits mortiers ne sont bons qu'à tirer de près dans l'intérieur des ouvrages, on les met assez indifféremment partout où ils n'incommodent pas, car ils ont l'avantage de se transporter aisément. Il ne faut cependant pas s'écarter de la règle générale, de présenter aux bombes beaucoup de pièces à battre sur la même direction, si ce n'est que la batterie soit très-proche de l'ouvrage auquel on en veut. On construit les batteries de pierriers à la troisième parallèle et dans le couronnement du chemin couvert à $97^m,45$ ou $116^m,94$ au plus des objets qu'elles doivent battre.

On place les batteries de pierriers sur les capitales ou sur les prolongements des faces et des flancs des ouvrages. Quand on doit battre les places d'armes et leurs réduits, il faut se placer sur leur commune capitale, dès qu'on est parvenu à la 3e parallèle. Si des batteries plus essentielles, comme celles des bouches à feu tirant à ricochet, occupent les prolongements des ouvrages, il faut mettre à côté d'elles les batteries de pierriers; la pointe des places d'armes saillantes est un lieu favorable pour les placer.

VI.

Du nombre des batteries.

Dans le siége d'une place, on chemine en même temps par des tranchées sur trois capitales; celle de deux bastions et celle de la demi-lune, qui forment l'ensemble du front d'attaque.

L'objet des premières batteries doit être d'éteindre le feu des ouvrages qui se dirige sur ces tranchées. Il est aisé de voir, à l'inspection d'un plan, qu'il faut pour cela construire une batterie contre chacune des quatre faces qui sont dans ce front.

Le feux des deux faces des bastions ne pouvant être bien éteints que par des batteries à ricochet, perpendiculaires à leur prolongement, et ces batteries étant battues par les deux demi-lunes collatérales au front d'attaque, il faut encore deux batteries de plein fouet contre les faces de ces demi-lunes et deux batteries à ricochet sur le prolongement des faces des demi-bastions du front d'attaque. Il faut donc en tout huit batteries dans le commencement d'un siége. On suppose que la place dont on parle n'a que des demi-lunes; la multiplicité des dehors, l'irrégularité de l'enceinte, les accidents topographiques peuvent apporter bien des changements dans ce premier aperçu.

Je crois cependant que le projet de *M. Du Pugey*, relatif à la quantité des batteries et au nombre de pièces à employer pour les premières batteries, offre un tableau assez complet.

1° Cinq pièces de 24 sur le prolongement *a*, pour battre à ricochet et par plongées la face droite de la demi-lune 5 avec son chemin couvert, et prendre à dos le flanc droit du bastion 1. (Planche II.)

2° Huit pièces de 24 sur le prolongement *b*, pour battre à ricochet et par plongées la face droite du bastion 1 et les parties correspondantes du chemin couvert, prendre à dos son flanc droit, et de revers la face droite de la lunette 7; inquiéter la courtine 3, et porter le retranchement que les ennemis pourront faire à la gorge du bastion 2.

3° Sur le prolongement *c*, huit mortiers de 0m,324 pour battre la demi-lune 5, la lunette 7, les bastions 1 et 2, la courtine 3, la demi-lune 4, la lunette 9, et les chemins couverts de tous ces ouvrages.

4° Sur le prolongement *d*, deux pièces de 24 et deux obusiers pour battre par plongées la face droite de la lunette 8 avec son chemin couvert, et pour inquiéter la gorge de la demi-lune 4 et le flanc bas du bastion 2.

5° Cinq pièces de 24 sur le prolongement *e*, pour

battre de plein fouet la face gauche de la demi-lune 4, ricocher le long de sa face droite et de son chemin couvert, et porter dans la gorge du bastion 2.

6° Sur le prolongement *f*, deux obusiers et deux pièces de 24, pour battre par plongées la lunette 9 et son chemin couvert.

7° Six pièces de 24 sur le prolongement *g*, pour battre de plein fouet la face gauche du bastion 2, enfiler à ricochet et par plongées sa face droite et la partie correspondante du chemin couvert, etc.

8° Six pièces de 24 sur le prolongement *h*, pour battre de plein fouet la face droite du bastion 1, enfiler à ricochet et par plongées sa face gauche, la partie correspondante du chemin couvert et la lunette 8.

9° Cinq pièces de 24 sur le prolongement *i*, pour battre de plein fouet la face droite de la demi-lune 4 et ricocher le long de sa face gauche et de son chemin couvert, etc.

10° Six obusiers sur le prolongement *r*, pour battre à ricochet et de revers les branches droites du chemin couvert des ouvrages, 13, 14 et 15.

11° Quatre pièces de 24 sur le prolongement *k*, pour battre de plein fouet la face gauche de la demi-lune 6, qui ne peut être battue autrement.

12° Sur le prolongement *l*, deux pièces de 24 et deux obusiers, pour battre par plongées la lunette 9, la gorge de la demi-lune 4 et le flanc bas du bastion 1.

13° Quatre pièces de 24 sur le prolongement *m*, pour battre de plein fouet la face gauche de l'ouvrage 15 et à ricochet sa face droite avec son chemin couvert. Cette batterie pourra ainsi détruire directement la crête et les palissades de la branche 16 du chemin couvert, qui ne saurait être battu autrement par le canon.

14° Entre les prolongements *l* et *n*, une batterie de huit mortiers de 0m,324, pour battre presque sur la même ligne tous les ouvrges du front d'attaque et leurs chemins couverts.

15° Sur le prolongement *n*, six pièces de 24, pour battre à ricochet la face gauche du bastion 2 avec son chemin couvert, prendre à dos son flanc gauche, inquiéter la courtine 3 et le retranchement que les ennemis pourront faire dans la gorge du bastion 1.

16° Quatre pièces de 24 sur le prolongement *o*, pour battre de plein fouet la face droite de l'ouverture 13 et à ricochet sa face gauche avec son chemin couvert. Les prolongements *n* et *o* étant fort proches l'un de l'autre et se coupant sous un angle très-aigu, on ne fera qu'une batterie pour les deux objets.

17° Six pièces de 24 sur les prolongements *p* et *q*, en une seule batterie, pour battre de plein fouet la face droite de l'ouvrage 14, à ricochet sa face gauche avec son chemin couvert, et par plongées la lunette 10 et les parties correspondantes du chemin couvert.

Il est à observer que l'inondation *y*, le fond à gauche, les pièces 13, 14 et 15 obligeront de placer quelques batteries à 800 mètres environ du corps de la place, et que, pour communiquer à celles de la gauche et de la droite, il faudra ou que la parallèle soit fort étendue ou s'en approcher par des tranchées particulières.

VII.

Réflexions.

On aurait pris en vain toutes les peines et précautions pour bien diriger, bien placer les batteries, que, si les officiers qui les commandent n'apportent par tous leurs soins à en bien faire exécuter les feux, leur effet ne repondra nullement à l'attente. Voici quelques règles générales d'après lesquelles on peut se conduire.

1° Il faut tirer en même temps du plus grand nombre des premières batteries, de celles surtout qui embrassent les bastions et les demi-lunes de l'attaque.

L'ennemi enveloppé de toutes parts ne peut se défendre que faiblement, au lieu qu'il a la supériorité si l'on fait tirer les batteries l'une après l'autre, parce qu'il pourra diriger tous ses feux sur chacune d'elles en particulier.

2° Ne jamais allumer le feu d'une batterie qu'elle ne soit solidement faite et abondamment pourvue de munitions nécessaires.

3° Tirer les ricochets coup à coup et ne laisser à l'ennemi aucun moment de relâche.

4° Se défier toujours de l'apparente tranquilité de l'ennemi, et ne pas cesser de battre un ouvrage sous prétexte qu'il n'en sort plus de feu.

Est-il moins essentiel d'empêcher que l'ennemi ne se répare que d'arrêter ses premiers efforts?

5° Pour ruiner des batteries par un feu direct, ne pas se contenter de pointer une pièce contre une pièce, mais attaquer chaque embrasure en particulier de tout son feu jusqu'à ce qu'elle soit détruite, et tirer promptement plusieurs pièces ensemble.

Une batterie où cette règle est observée exactement en impose bien vite. Il faut suivre la même méthode pour ruiner les défenses, c'est-à-dire battre pied à pied en tirant sous ses pièces ensemble sur le même point. Si l'on éparpille les coups, on perd beaucoup de temps, de munitions, et on ne fait rien d'utile.

6° Diriger les bombes par préférence contre les ouvrages le moins exposés au ricochet. J'entend par ces ouvrages les flancs bas, les tenailles, les redoutes, les tours, les galeries peu profondes, les souterrains, les petits retranchements dans les places d'armes du chemin couvert, les coffres à crénaux placés dans les fossés secs, les caponnières, les écluses, etc.

7° Réparer les batteries à mesure qu'elles se dégradent, particulièrement celles de canon.

Une petite réparation négligée peut les éteindre pendant des journées entières, au lieu qu'un quart-d'heure bien pris et bien employé aurait suffi.

En un mot, de toutes les premières batteries de canon à ricochet ou directes, celles-là seules doivent ordinairement tirer jusqu'à la prise de la place, qui sont dirigées sur les faces des demi-lunes hors de l'attaque, sur celles des autres pièces collatérales et sur le prolongement des courtines. Nous verrons bientôt les moyens qu'il faut employer pour tenir lieu de celles qui sont éteintes. Je dirai seulement ici en passant que, quelques heures avant l'attaque de vive force du chemin couvert, il serait bon de placer dans la tranchée même, à mi-glacis, sur le prolongement des branches, quelques pièces de 4 qui achèveraient d'en chasser l'ennemi, soit par des ricochets, soit par des coups à mitraille. Ces batteries volantes ne demandent d'autres préparations que d'aplanir un peu le fond de la tranchée.

Elles sont encore du nombre de celles que l'on appelle premières batteries; car l'on comprend sous cette dénomination toutes celles qui sont faites depuis le moment que la tranchée est ouverte jusqu'à la prise de la contrescarpe, quoique construites en différents temps; il ne faut pas croire que l'on puisse prendre à la fois tous ses avantages. On en découvre à mesure que la tranchée s'avance et que l'ennemi laisse apercevoir ses moyens de défense.

VIII.

Des Batteries de brèche et autres, après la prise du chemin couvert.

Il est dangereux de laisser aux assiégés le temps de se reconnaître après la prise de la contrescarpe, et de profiter du relâche que leur donne l'extinction des premières batteries. Ainsi, dès que la sape autour de la crête du chemin couvert est à peu près achevée, tout doit se mettre en mouvement pour l'établissement des batteries à y placer. Dans cette vue, les officiers, les canonniers, les bombardiers, les travailleurs extraordinaires se tiennent le plus à portée possible de l'emplacement destiné à chacune et y attendent le moment de marcher.

L'on commence par établir, sur chaque face des ouvrages à prendre intérieurement au prolongement de l'autre, autant de pièces de gros calibre qu'on le jugera nécessaire ou que l'espace entre les traverses des places d'armes rentrantes et saillantes peut le permettre. Ces pièces sont non-seulement destinées à faire brèche, mais encore à se protéger réciproquement : c'est-à-dire que les pièces placées vis-à-vis la face gauche d'un bastion, par exemple, enfilent aussi la face droite, soit par des ricochets, soit par des coups à mitraille, et battent à dos le flanc qui la termine : il en est de même aux faces d'une demi-lune. Au moyen de cette protection mutuelle, l'effet des premières batteries à ricochet sera remplacé : car il faudrait que le parapet fût trop élevé au-dessus de la crête du glacis, pour que l'angle de projection passât 10 degrés même contre les demi-lunes dont le fossé n'a que 25^{m},47. J'avoue que le ricochet serait faible et mou à cause de la proximité ; mais en revanche il ajustera d'autant plus aisément, et il sera d'ailleurs puissamment secondé par les coups à mitraille, soit que l'on emploie les balles roulantes, soit que l'on s'en tienne aux grappes de raisin faites avec de petits boulets, ou que l'on se serve alternativement des uns et des autres, suivant la distance et l'occasion. Au reste, ces coups n'auront pas plus de 155m,92 à parcourir contre les bastions, et beaucoup moins contre les demi-lunes.

En disant que les batteries sur les faces d'un ouvrage sont pour les ouvrir, cela ne signifie pas qu'il faille faire brèche à chacune; je crois, dit *M. du Pugey*, qu'au contraire il faut le plus souvent se contenter d'une sans toucher à l'angle flanqué, particulièrement quand les fossés sont pleins ou peuvent être remplis d'eau.

Suivent en ordre les batteries directes contre les flancs qui voient les brèches et les flancs collatéraux qui incommoderaient le couronnement du chemin couvert. Elles doivent être extérieures au prolongement des faces des bastions et occuper toute la largeur du fossé. Pour peu que l'assiégé ait de vigueur et d'intelligence, elles ne suffiront jamais seules pour éteindre le feu des flancs. Il faut donc avoir grand soin de les seconder.

Si l'on s'attache à deux bastions d'un même front, les batteries contre les flancs qui voient les brèches seront si puissamment protégées par l'effet des batteries précédentes qu'elles les auront bientôt ruinés quand ils seront simples; mais s'ils sont doubles, leur partie basse donnera plus de peine, quoiqu'elle soit fort incommodée par l'effet des batteries placées vis-à-vis des faces de la demi-lune.

Ce que j'ai dit des flancs bas doit s'entendre aussi des tenailles. Dans l'un et l'autre cas, il faut avoir recours aux bombes et aux pierres. Il n'y a de même que les bombes pour aider les batteries de canon destinées contre les flancs collatéraux ou ceux qui ont vue sur les brèches, si l'on est contraint d'attaquer par un seul bastion.

Les batteries de mortiers, pour ces objets, doivent être entre la demi-lune et le bastion autour de la place d'armes rentrante ou en dedans, et très-rarement sur le glacis derrière les autres batteries qui ne manqueraient pas d'en recevoir quelque incommodité. Les batteries des pierriers occupent ordinairement la pointe des places d'armes saillantes.

Il est à croire que les officiers d'artillerie de la place chercheront à soustraire quelques pièces de canon aux ricochets; à quoi ils pourront réussir comme nous le verrons dans un autre Mémoire.

Pour leur ôter cette ressource ou en diminuer l'effet, il faut mettre à droite et à gauche de chaque batterie, vis-à-vis des faces, un ou deux mortiers de $0^m,36$.

Cependant les batteries à ricochet et à bombes, qui ne passent point sur le couronnement du chemin couvert, continueront leur feu jusqu'à la fin du siége; ou, s'il est possible de les avancer sur le même alignement, on le fera pour rendre les coups plus assurés.

IX.

Construction des secondes batteries de canon ou batteries de brèche.

Ces batteries se construisent d'ordinaire dans la sape du couronnement du chemin couvert. Cette sape n'étant qu'à $3^m,88$ de la crête du glacis, l'épaulement de la batterie n'a que ces $3^m,88$ d'épaisseur ; il n'est, en effet, que le parapet de la sape perfectionné et adapté au tir du canon. Si la sape était à plus de $3^m,88$, on pourrait lui donner plus d'épaisseur, pourvu qu'on découvrît bien le pied du rempart et qu'il lui fût parallèle.

Comme pour faire brèche à un rempart il est nécessaire de couper son revêtement vers son pied, il faut pouvoir découvrir jusque vers le pied de ce rempart. Si on ne peut le faire de l'emplacement de la batterie pris dans la sape, à cause de la profondeur du fossé ou de la largeur du chemin couvert vis-à-vis, il faut descendre dans ce chemin couvert, s'y loger et construire la batterie à $4^m,86$ au moins du bord du fossé, dont $0^m,97$ serviront de berme et $3^m,88$ seront pour l'épaulement. On pourra s'en éloigner davantage sans inconvénient, si on découvre également bien le pied du rempart.

Dans ces deux cas, on construit la batterie par son intérieur, en profitant de la sape qu'on aura faite pour le couronnement et le logement du chemin couvert; c'est-à-dire qu'on pourra s'enterrer jusqu'à la genouillère et jeter les terres du dedans de la sape sur la partie de son parapet qui doit servir d'épaulement à la batterie. Dans les deux cas, on retire les gabions de la sape, parce qu'ils gêneraient le dégorgement des embrasures.

Les places d'armes du chemin couvert, les traverses, etc., raccourcissent ordinairement la longueur de l'espace que devrait occuper la batterie de brèche faite dans la sape du couronnement. Il faut que ces batteries soient au moins de quatre pièces; si l'espace est resserré, on ne donne que $3^m,88$ à $4^m,86$ par pièce; on évite qu'aucune embrasure ne se trouve vis-à-vis d'une traverse.

On construit le revêtement comme aux premières batteries.

Les embrasures sont directes; mais comme l'épaulement n'a que $3^m,88$ d'épaisseur, l'ouverture extérieure de ces embrasures ne doit être que de $2^m,16$. Le reste de leur construction comme aux premières batteries.

Les plates-formes se construisent comme aux premières batteries. Il faut avoir soin de bien affermir leur sol, ordinairement rendu mouvant par les fougasses, les fourneaux, etc., qui l'ont culbuté.

Lorsqu'on fait dans le couronnement du chemin couvert des batteries pour éteindre le feu des flancs et les ruiner, il faut tâcher de donner plus de $3^m,88$ d'épaisseur à l'épaulement de ces batteries.

C'est surtout dans les batteries de brèches qu'il faut des portières d'embrasures et des tireurs adroits, pour contenir, par un feu de mousqueterie, le feu de l'infanterie de la place devenu très-dangereux à cause de sa proximité.

Il serait hors de propos de prouver la nécessité de presser le travail; l'intérêt général et celui de sa propre conservation y portent fortement; car l'intervalle de temps entre la prise du chemin couvert et l'établissement des bouches à feu dans les tranchées qui l'enveloppent est un des plus intéressants du siége et des plus meurtriers.

Si la garnison fait son devoir, on sera exposé pendant plus de 24 heures à un feu violent de canon, de mortiers, de pierriers et de mousqueterie, sans pouvoir y répondre que très-faiblement. Dans ces moments, l'argent doit être en quelque sorte prodigué, soit aux travailleurs qui seront souvent relayés, soit à ceux qui traînent les pièces de canon.

Les mines ne seront pas moins à craindre que les feux à découvert. Pour en défendre les batteries sur la contrescarpe, il faut, en même temps que l'on en commence la construction, faire des puits et des écoutes jusqu'à l'eau, si l'on peut.

Il n'en est pas ici comme aux premières batteries, qui peuvent être cachées à l'ennemi pendant quelque temps : le travail se fait sous ses yeux, on ne peut le tromper. Ainsi, à mesure qu'une batterie est achevée, il faut la faire tirer pour protéger les autres. Celles de mortiers et de pierriers sont les plutôt prêtes ; en les servant avec promptitude elles seront d'un grand secours.

Avant que de commencer les brèches on fera tous ses efforts pour éteindre les feux que l'assiégé aura pu rallumer sur ses remparts ; ce qui ne devrait pas être long après ce qu'il a déjà souffert et consommé jusqu'à la prise de la contrescarpe. Mais un ennemi qui aurait ménagé ses pièces et ses munitions, et qui joindrait beaucoup d'activité à une grande envie de se bien défendre, pourrait se soutenir pendant longtemps avec une espèce d'égalité.

Sans vouloir décider sur la largeur des brèches, il paraît que c'est plus qu'il ne faut d'ouvrir un tiers de faces ou environ $31^{m},18$ aux bastions et $23^{m},38$ aux demi-lunes, à distance à peu près égale de l'angle flanqué et de l'angle de l'épaule, le lieu et l'étendue de la brèche étant déterminés. Ce n'est pas en tirant çà et là au hasard que l'on pourra parvenir à préparer un bon chemin pour monter à l'assaut. Il y faut procéder avec méthode.

D'abord on tracera, de droite et de gauche, la masse à renversé commençant à fleur d'eau, ou à $1^{m},99$ à peu près du fond, quand le fossé est sec, continuant jusqu'au cordon successivement, et ne quittant aucun point que la terre ne paraisse. Cela fait, on sapera le mur allant de même pied à pied de l'un des tracés perpendiculaire à l'autre. Si le revêtement résiste encore à la poussée des terres, quelques décharges de toutes les pièces ensemble en auront bientôt déterminé la chute totale[1]. Alors, pour perfectionner la brèche, il n'y aura plus qu'à battre des bouts de contreforts et à déblayer les restes du parapet.

1. Pour couper la maçonnerie on donne la plus grande vitesse initiale aux boulets; celle de 500 à 600 mètres par seconde leur convient. Pour ébranler et faire écrouler les portions de maçonnerie coupée, la vitesse initiale de 3000 à 3500 mètres sera préférable.

La brèche doit avoir un tiers de la longueur de la face, à commencer de son milieu vers l'angle flanqué.

Plusieurs causes peuvent contribuer à la difficulté de faire les brèches et rendre les rampes plus ou moins praticables. Un revêtement entier de bonne maçonnerie donne plus de peine à saper, mais lorsqu'il s'écroule en totalité ou par grandes parties, il entraîne beaucoup de terre et la rampe est douce. Au contraire les bas revêtements sont plutôt dégradés, mais il est rare d'en faire tomber de grandes masses, et leur ruine n'est pas suivie de beaucoup de terre; par conséquent la brèche est plutôt faite, mais moins bonne.

Les terres ayant un certain talus, loin de rendre les brèches plus aisées, en continuant de tirer, on ne fera que les gâter en les pavant, pour ainsi dire, de boulets. En un mot, dès qu'il ne paraît plus de mur et que le parapet est effacé, une brèche est aussi parfaite qu'elle peut l'être.

Pendant l'effet des batteries destinées à ouvrir le corps de la place et les ouvrages avancés, l'on travaille avec une égale vivacité à remplir l'objet des autres, soit de canons, de mortiers ou de pierriers, pour bien ruiner les flancs, c'est-à-dire autant qu'il

Si la brèche est trop escarpée, parce qu'on a commencé la coupure horizontale trop haut, le canon ne pourra point la rendre plus praticable.

Quatre pièces de 24, du logement du chemin couvert, font brèche en quatre ou cinq jours, et la brèche est praticable trois jours après.

est possible[1]. Quant aux bombes, elles doivent être tirées dans ces occasions, du moins la plupart, sous un angle au-dessus de 45 degrés, afin que, la direction de leur chute approchant de la verticale, les traverses mêmes ne puissent mettre à l'abri de leurs coups. Les plus grosses sont les meilleures. Comme les batteries ne sont pas éloignées des points à frapper, la charge ne doit pas être forte ; les affûts auront peu à souffrir de cette élévation et il sera aisé de tirer assez juste. Les pierriers font aussi de terribles ravages, si on les charge avec des cailloux ou des morceaux de pierres fort dures, avec des éclats de bombes, avec des grenades dont le feu de la chambre allume la fusée, et mieux encore avec des boulets d'un demi-kilo, d'un kilo ou d'un kilo et demi.

Lorsqu'après bien des peines et des pertes réitérées on est enfin parvenu à ouvrir la place et à réduire la meilleure partie de son artillerie au silence, des ingénieurs de leur côté et les mineurs d'un autre, ayant fait tous les préparatifs pour la descente et le passage des fossés, ou le gouverneur capitule ou il prend la résolution de soutenir l'assaut; s'il prend ce dernier parti, l'assiégeant ne peut apporter trop de soins et de vigueur pour le forcer.

1. Sur quoi l'on remarquera en passant que les flancs non revêtus sont plus difficiles à éteindre que les autres par le canon.

Trop différer de monter ou ne pas monter en même temps à toutes les brèches, c'est donner à l'ennemi le temps de préparer de nouveaux obstacles. Plus les forces de l'ennemi seront partagées, plus il sera aisé de les vaincre; par conséquent, si plusieurs brèches sont en même temps praticables, il faut les attaquer en même temps.

Quoiqu'il en soit, le feu de toutes les batteries peut beaucoup servir à la réussite de l'assaut. Les ricochets, les coups à mitraille, les pierres, les bombes peu chargées de poudre et avec de longues fusées, doivent accabler sans relâche les ouvrages menacés, jusqu'au moment où les troupes sont parvenues au pied de la brèche, et l'on se tiendra prêt à recommencer au cas que la première tentative ne soit pas heureuse. De leur côté, les batteries collatérales, et même de nouvelles établies d'avance à ce dessein, tireront avec la plus grande vivacité sur les courtines et sur toutes les avenues par où la garnison peut venir au secours des brèches. Ces feux multipliés, sans diminuer la gloire des grenadiers et des bataillons, aideront à assurer le succès de leurs efforts. L'action est trop importante pour négliger aucun des moyens de la rendre moins difficile.

Il n'y a rien à dire de particulier touchant ce qui peut rester à faire contre les retranchements intérieurs, barricades, coupures et autres chicanes, qu'une garnison peut avoir construits en arrière de la brèche ; cela dépend des circonstances. La plus grande difficulté consiste à faire passer de la contreescarpe dans les ouvrages pris le canon et les gros mortiers. En attendant mieux, les obusiers et mortiers de 0m.22 seront d'une grande ressource, étant aisés à transporter.

Tous les dehors dont jusqu'à présent on a fait usage et tous les systèmes d'un ordre renforcé, présentés au public avant et depuis *M. de Vauban*, peuvent bien multiplier les obstacles, mais il ne changent rien aux principes énoncés ci-dessus. Cependant pour ne rien laisser à désirer, je vais indiquer en passant les très-légères différences que le plus ou moins d'ouvrage peut apporter à l'attaque.

Soit que ces dehors forment une espèce de deuxième enceinte ou même des enceintes redoublées, soit qu'il n'y ait que des pièces isolées entre deux chemins couverts, les parapets ayant peu d'élévation et donnant peu de prise aux batteries de plein fouet, il faut les attaquer par des ricochets et des plongées jusqu'au moment de les insulter. Plus leurs branches seront longues, plus il est facile de les rendre impraticables aux assiégés. Quant aux petites flèches et aux redoutes il faudra les accabler de bombes.

Les ouvrages à cornes et les ouvrages couronnés

présentant des fronts réguliers ou à peu près, leur attaque ne diffère en rien de celle des fronts ordinaires pour les approches. Mais lorsque le moment d'y faire brèche est arrivé, on doit chercher à les ouvrir par leurs branches ou longs côtés plutôt que par leur tête [1].

1. Ce que je propose, quoiqu'il ne soit pas dans les livres, n'est pas sans exemple. Au dernier siége de Namur, l'ouvrage à corne de la porte Saint Nicolas fut pris par une brèche que les batteries d'Outre-Meuse avaient faites à sa branche droite, avant que l'on fût seulement à portée devant les faces des demi-bastions. L'avantage qu'il y aurait à prendre ce parti n'a pas besoin d'être prouvé : il est évident. Je crois, en outre, pouvoir avancer qu'il ne s'y rencontre communément que des difficultés pareilles à celles que l'on trouve partout. En effet, une des branches de ces sortes d'ouvrages est presque toujours médiocrement flanquée, particulièrement le long des rivières et sur les hauteurs qu'ils exécutent; mais allons plus loin. Examinons un ouvrage à corne, par exemple, dans la position la plus avantageuse, sur un bastion d'une place régulière et flanqué par deux demi-lunes collatérales. Après avoir pris les précautions d'en imposer à ces demi-lunes et aux bastions collatéraux, par des batteries à ricochet, comme on le doit faire également pour l'attaque de front, je demande s'il y a plus de danger à établir des batteries contre les branches de l'ouvrage que contre les faces des bastions et des demi-lunes dans les attaques simples; si les parties des courtines qui voient les fossés des branches sont plus difficiles à battre que les flancs ordinaires. Non, sans doute! La peine serait bien moindre encore et les avantages plus grands contre un ouvrage à corne placé sur une courtine, dès que les demi-lunes collatérales auront été réduites au silence, puisque l'on pourrait ouvrir en même temps les bastions de l'attaque, et donner en même temps l'assaut de tous côtés. Au reste, dans l'un et l'autre cas, la sape autour du chemin couvert des deux demi-bastions et de la demi-lune sera d'une exécution moins embarrassante, et on y trouvera plus d'aisance pour l'emplacement des batteries que je puis appeler de secours. Une plus longue dissertation là-dessus passerait les bornes d'un essai (*Du Pugey*, p. 210 à 211).

VI.

MÉMOIRE

SUR L'EMPLOI DE L'ARTILLERIE DANS LA DÉFENSE DES PLACES.

I.

Pour la défense comme pour l'attaque, les divers approvisionnements dépendent du nombre des bouches à feu qui n'est pas déterminé, et qui ne peut l'être généralement, parce qu'il est relatif à la grandeur de la place, à son importance actuelle pour l'Etat; à la situation, à la nature de ses ouvrages, à la force de la garnison, au nombre de jours où l'on veut porter la défense; enfin à beaucoup de circonstances qui varient d'une guerre ou même d'une campagne à l'autre. Il faut ici plus de canons que de mortiers, là plus de mortiers que de canons; dans une ville beaucoup de grosses pièces, dans une autre moins; l'on s'approvisionne différemment dans les places maritimes que dans l'intérieur des États; dans les pays marécageux que sur des montagnes; vis-à-vis d'un ennemi puissant et entreprenant que dans les contrées pour lesquelles il y a peu à craindre : ainsi du reste. Mais dès qu'une place, par son étendue et par ses fortifications, est susceptible d'une bonne défense, il faut y mettre au moins 100 pièces de canon; dont un tiers en gros calibre; trente mortiers de $0^{m},324$, autant de plus petits ou d'obusiers, et 8 ou 10 pierriers avec 1500 coups à tirer par bouche à feu et deux affûts. D'après cela il est facile de fixer la quantité de poudre dont on a besoin pour l'artillerie : à quoi il faut ajouter celle qui est nécessaire pour les troupes, pour les mines, pour les artifices et pour les accidents. Les outils à pionniers, les outils tranchants, les outils de mineurs et les outils d'ouvriers; les bois de remontage, les madriers à plate-forme, les gros cordages tiennent rang après les bouches à feu et leur attirail dans l'approvisionnement des places; soit par le besoin qu'on en a, soit par la difficulté de se les procurer. Viennent ensuite les sacs à terre, les mains de papier pour faire des gargousses, le fer et l'acier; quant aux effets qui ne peuvent se garder longtemps, comme les huiles, les suifs en pains et en chandelles, le charbon et les menus achats, l'emplette ne doit s'en faire que quand on prévoit le danger d'être assiégé.

Il faut de même saisir le moment favorable pour amasser une grande quantité de fascines, de piquets et d'osier, dont la consommation est immense. Lorsque le commandant de l'artillerie a pris ses précautions de ce côté-là il fait travailler aux artifices, commençant par ceux qui sont les plus longs à faire et qui peuvent se garder. Il ne peut y avoir trop de tourteaux goudronnés pour les réchauts de remparts, ni de pots et de balles à feu pour éclairer les approches de l'ennemi. On doit faire aussi une grande quantité de ces artifices qui peuvent servir si utilement pour résister aux assauts et que peut-être on néglige trop. La prudence exige que tous les artifices ne soient pas mis dans le même magasin , mais qu'il en soit fait plusieurs dépôts, afin d'éviter les accidents.

En même temps on établit les ateliers pour les armuriers, pour les charpentiers, pour les charrons et les forgerons dans les endroits les moins exposés, même dans les souterrains, quand on en a de reste.

Il faut mettre ensuite le plus grand ordre dans les magasins, séparant les espèces qui se ressemblent les unes des autres, pour éviter le mélange et la confusion lorsqu'il s'agit des distributions.

II.

Manière d'employer l'Artillerie d'après l'investissement jusqu'à la prise du chemin couvert.

Dès qu'une place est exposée aux événements de la guerre, particulièrement celles qui ont des fossés secs, l'on doit prendre des précautions et mettre du canon en batterie, non pas uniquement sur les barbettes, mais dans tous les flancs et dans tous les endroits qui voient les fossés et défendent les ouvrages susceptibles de surprise ou d'escalade. Les pièces de 8 et de 6, de 4 et 3 suffisent, parce qu'il ne s'agit que de tirer de près sur des hommes et des échelles. Je ne parle point des petits magasins de munitions à portée de chaque batterie, des canonniers, des servants, dont un certain nombre doit être commandé tous les jours pour les avoir sous la main à la première alarme, des rondes que l'officier qui les commande doit faire lui-même et faire faire par les bas officiers. La première précaution entraîne les autres.

Les pièces que l'on met sur les barbettes sont premièrement destinées à éloigner les ingénieurs et officiers chargés de reconnaître la place avant et après les premiers jours de l'investissement. Dans ces premiers moments, il ne faut employer que de petites pièces et ne les pas tirer à plus de $389^{m},80$ (400). Mais, comme un homme qui reconnaît avec intelligence sait bien se parer des coups qui viennent de si loin, je crois que des arquebuses à croc placées dans les ouvrages avancés, dans les flèches au-delà du glacis, dans les redoutes éloignées [1], seront plus meurtrières que des canons, parce qu'elles tirent plus juste et sont d'une manœuvre incomparablement plus facile.

Aucun des auteurs qui ont écrit sur la défense des places n'a manqué d'avertir qu'il ne faut pas se servir d'abord de ses grosses pièces, ni donner même à connaître toute la portée des petites, afin que l'ennemi établisse ses camps, ses dépôts dans les lieux d'où l'artillerie le force ensuite à s'éloigner. C'est donc une ruse qui paraît usée. Elle ne l'est cependant pas, et les assiégeants y sont presque toujours pris, au moins ceux qui cherchent à diminuer les longueurs de l'entreprise et qui ne prennent pas de précautions excessives. Deux choses contribuent à faire connaître à l'assiégé le projet de l'assiégeant pour l'attaque ; l'établissement du grand parc et le choix du dépôt des

1. Et même dans des trous faits à dessein devant les fronts où l'on soupçonne que les ennemis feront leur attaque. — Les carabines ou fusils de rempart remplacent aujourd'hui les arquebuses à cul de lanterne ; on en donne pour exemple le siége de Sébastopol (*Note de l'Éditeur*).

fascines. On ne peut se donner trop de mouvements pour découvrir l'un et l'autre.

Les lenteurs, les difficultés, les défauts même et les manquements qu'occasionne dans le service un trop grand éloignement du parc aux attaques, engagent assez souvent les assiégeants à s'en approcher à la faveur d'un bois, d'un vallon, d'un rideau qui le dérobe à la vue de l'assiégé. Quand un gouverneur connaît bien sa place et ses environs, il leur fait acheter chèrement l'utilité qu'ils attendent, au moyen de deux ou trois batteries qui puissent les incommoder par des plongées croisantes. Mais il ne faudra pas tirer un seul coup que l'ennemi n'ait pris ses arrangements.

Ce que je viens de dire touchant le grand parc doit à plus forte raison s'entendre du dépôt des fascines et de tout ce qui est nécessaire pour l'ouverture de la tranchée et par la suite des attaques, attendu qu'il est bien plus rare qu'il soit hors de la portée du canon. Là s'assemblent les travailleurs de jour et de nuit, les bataillons de tranchée ; en un mot il s'y fait presque un mouvement continuel. Ainsi, en y dirigeant bien un nombre de pièces, et les exécutant avec connaissance, tantôt directement, tantôt par plongées, l'artillerie de la place y pourra causer du ravage.

Pour ne pas consommer inutilement des munitions précieuses, quelqu'un doit être chargé d'observer l'effet de ces batteries, dont l'objet est communément découvert du haut des tours et des clochers de la ville. Au surplus, il ne faut pas peser à la rigueur chaque moyen de défense; pris séparément, il s'en trouvera qui paraîtront médiocres : tels, par exemple, que les deux précédents, mais l'ensemble en fait la force.

Communément l'assiégeant dérobe à l'assiégé la première nuit de la tranchée. Il n'est pas cependant si difficile de l'éclairer d'assez près pour lui ôter cet avantage; il faut jeter avec des mortiers de $0^{m},32$ force pots à feu sur tous les fronts susceptibles d'attaque mais particulièrement du côté où les ennemis ont leur dépôt. Ces pots à feu peuvent être portés au-delà de 400 mètres, et plusieurs ensemble ne laissent pas de répandre une lumière capable, sinon de découvrir leurs manœuvres particulières, au moins leurs rassemblements et l'ensemble de leur travail.

Lorsque l'on sera assuré du moment et du lieu où les ennemis ouvrent la tranchée, il faudra faire un feu bien nourri de toutes les pièces qui seront en batterie sur les différents ouvrages; les plus grosses contre les avenues du camp et le dépôt, les tirant toutes de manière que les coups se croisent et balaient un grand front. Il sera prudent de ne tirer la plupart des pièces qu'à petites charges, afin que les boulets puissent bondir à travers la plaine, commençant à

487m,25 (500) du chemin couvert. Un de ces coups fera plus d'effet contre les travailleurs que nombre d'autres tirés à pleine charge; car il faut observer que, la place tirant du haut en bas, les boulets qui ont reçu une impulsion trop violente s'enfoncent ordinairement au premier point qu'ils frappent.

Quelque avantageux que puisse être l'effet d'un pareil feu, il n'empêchera pas les assiégeants de remplir une partie de leurs projets, mais assurément leur travail ne sera ni si étendu ni si bon que s'ils l'eussent fait pendant une nuit tranquille, et plus d'un endroit ne sera qu'ébauché. Contre ces endroits seulement ébauchés seront dirigées beaucoup de pièces, dès que le jour commencera à poindre et que les objets commenceront à devenir distincts, pour empêcher qu'ils ne soient perfectionnés pendant le jour et pour inquiéter encore le travail de la nuit suivante.

Il y a des terrains si difficiles qu'il faut plusieurs jours et plusieurs nuits avant que la première parallèle puisse être achevée. L'artillerie fait alors de terribles ravages si elle est bien servie; mais enfin l'ennemi vient à bout de se couvrir, et ce serait perdre ses munitions que de s'amuser à battre la tranchée, quand il n'y a plus de travailleurs, si ce n'est dans les moments où l'on y aperçoit des mouvements considérables.

L'ouvertpre de la tranchée ne laisse plus d'incertitude sur le front d'attaque, supposé qu'il y en ait eu. C'est le moment de le garnir du plus grand nombre de pièces qu'il sera possible, de faire des traverses contre les ricochets et des parc-à-dos contre les revers, parce qu'il ne sera pas aisé d'y revenir lorsque les batteries de l'ennemi seront en jeu.

On ne saurait être trop attentif à reconnaître les emplacements qu'il choisit pour ces batteries et le temps où il les commence, pour sinon en empêcher, au moins en retarder la construction. Le plus avantageux est de s'attacher à trois ou quatre des plus importantes et de les accabler de bombes et de boulets. Il n'est pas moins essentiel de s'opposer au cheminement de la tranchée, en battant vigoureusement toutes les têtes du travail, particulièrement sur les capitales; il faut tâcher de prendre les zig-zags, en les écharpant tantôt par le plein fouet, et plus souvent encore par des ricochets et des plongées faibles.

Malgré tous ces efforts l'ennemi achèvera ses batteries. S'il est assez imprudent pour les découvrir trop tôt ou pour en faire tirer quelques-unes avant que les bouches à feu soient dans les autres, on l'en fera repentir en portant tous ses feux contre celles qu'il aura ainsi exposées. On pourra même lui faire tête quelques ours, s'il n'a pas bien pris les prolongements des faces et qu'il se contente de battre directement. Mais, supposé qu'il ait profité de tous ses avantages, au lieu de s'obstiner à combattre canon contre canon, il faudra ruser jusqu'à la prise du chemin couvert.

La première opération est de mettre à couvert toutes les pièces qui sont battues en même temps par un feu direct et à ricochet, mais de manière toutefois qu'il soit aisé de les remettre en batterie quand l'occasion favorable s'en présentera. On en pourra garder une contre chaque traverse, tant sur la demi-lune que sur les bastions, dont l'embrasure sera masquée, et qui, suffisamment éloignée du parapet, tirera par-dessus à petites charges, pour inquiéter alternativement les têtes de sape, les tranchées où s'établissent les troupes et les batteries de l'assiégeant.

Cette méthode de tirer à petites charges par-dessus le parapet sera aussi fort utilement employée dans toutes les parties de la place qui ont des vues sur l'attaque, quelque biaisantes qu'elles soient. Les coups pourront varier à l'infini avec beaucoup de vitesse, quand il sera nécessaire, car il ne faudra ni plates-formes ni embrasures. Leurs inquiétantes plongées désoleront l'ennemi et lui feront perdre bien du monde ; il en sera d'autant plus incommodé qu'il saura comment répondre à des pièces cachées qui changeront ou pourront changer, tant que l'on voudra, de position et de direction. Aux coups par plongées on joindra ceux de plein fouet, en imitant l'exemple que *M. de Valière* a laissé dans la défense d'*Aire*; il ouvrait tous les jours de nouvelles embrasures auxquelles l'ennemi ne s'attendait pas ou ne pouvait s'attendre, et qu'il abandonnait aussitôt qu'elles étaient battues par un feu supérieur, pour y revenir ensuite quand l'assiégeant les avait quittées et s'était attaché à d'autres [1].

On ne doit pas se borner à faire usage de son canon sur le rempart du corps de la place. Il faut en porter dans les ouvrages détachés sur le front et sur les flancs de l'attaque, dans le chemin couvert et même au-delà, selon les circonstances. Tout ce qui sera mis sur le front d'attaque n'y pourra servir que jusqu'à l'établissement de l'assiégeant, excepté peut-être les pièces qui seront dans les places d'armes rentrantes moins exposées à l'effet des ricochets. Le feu rasant

1. Il avait de plus imaginé une manière d'affût, au moyen duquel, la pièce étant plus élevée que le parapet, sans être obligé de l'ouvrir, il battait directement ou d'écharpe, tantôt une batterie, tantôt une tête de sape, d'autres fois les avenues du camp à la tranchée, et les chemins par où les ennemis amenaient leurs pièces et leurs munitions. C'est particulièrement d'après ce principe que *M. de Gribeauval* a donné aussi un affût de sa façon, qui remplit encore mieux cet objet, mais qui a, je crois, l'inconvénient de se déranger beaucoup si on le laisse essuyer longtemps les injures de l'air. (*Du Pugey*, p. 240.)

de l'artillerie, ainsi placé au niveau de la campagne, sera très-meurtrier et retardera beaucoup le cheminement et les travaux de la tranchée, s'il est bien entretenu.

On pourrait même, pour porter plus d'obstacles aux cheminements et travaux de l'assiégeant, se porter au pied du glacis, pour y prendre des enfilades et des revers ; car pourquoi ce qui est possible à l'assiégent serait-il impraticable à l'assiégé? où est la difficulté de faire à force de fascines et de gabions, à couvert du feu des tranchées, un trou pour deux ou trois pièces qui, à la pointe du jour, raseront les têtes des sapes. Quand l'ennemi parviendrait à enlever ces pièces, ce qu'il ne pourrait certainement pas faire sans difficulté, la perte serait médiocre en comparaison de celle qu'éprouverait l'assiégeant.

En un mot, dit *du Pugey*, je ne vois rien en ce genre qui ne puisse s'exécuter avec du zèle, de l'activité et de l'intelligence.

L'emplacement des gros mortiers est dans les bastions collatéraux à l'attaque, et celui des petits, dans les endroits du front où ils seront le moins exposés. Le feu des premiers sera dirigé contre les batteries de l'ennemi, et celui des seconds aura pour but de retarder le cheminement de la sape; mais pour que l'un et l'autre aient un bon effet, il faudra tirer avec vivacité et ensemble sans éparpiller les bombes. L'assiégé n'a pas également à craindre de toutes les batteries de l'assiégeant. Il y en a toujours quelqu'une de plus meurtrière et plus incommode que les autres ; il doit s'attacher d'abord à la ruiner et à l'attaquer par 12 ou 15 mortiers, dont les directions se croisent en plusieurs sens. S'ils sont bien servis et que chacun envoie une trentaine de bombes en 10 ou 12 heures, il est difficile que cette batterie, inquiétée d'ailleurs par les coups directs de quelques pièces et les plongées d'un plus grand nombre, puisse longtemps se soutenir. Quand celle-ci est réduite au silence, une seconde essuie la tempête, et ainsi de suite, en tombant toujours sur les plus nuisibles. Le succès des petits mortiers contre les sapes n'est pas moins douteux. Quant aux obusiers, qu'il est si facile de transporter et de placer à son gré, et dont la portée sous l'angle de 21 à 22 degrés passe 1185^{m},569, leur position variera perpétuellement, comme celle des pièces de canon, et ils attaqueront tantôt les batteries tantôt les têtes de sapes. Les circonstances peuvent en décider autrement, mais en général il est certain que cette disposition est la plus nuisible à l'ennemi. La cause la plus ordinaire de la destruction de l'artillerie dans une place assiégée est de vouloir conserver opiniâtrement les positions qui paraissent bonnes. Une médiocre devient avantageuse dès que la meilleure est trop battue ; le temps viendra de retourner à celle que la prudence aura fait abandonner, et rien ne doit désoler un ennemi comme de voir à chaque instant sortir de nouveaux feux de divers endroits d'une place, et de ceux mêmes qu'il se flattait d'avoir éteints. De l'artillerie ainsi servie rompra souvent la chaîne des opérations de l'ennemi dont la continuité fait la force, et il lui en coûtera bien du temps et bien des hommes pour la renouer à chaque fois.

Dans les sorties l'artillerie a aussi un rôle important à jouer. Outre les pièces à disposer d'avance pour les protéger par un feu vif, soit dans l'action, soit au retour, il sera quelquefois avantageux de joindre aux grandes sorties des pièces légères pour prendre des revers sur les troupes ennemies et sur les tranchées. Ces pièces doivent être servies avec la plus grande vivacité. Lorsque la sortie, faible ou nombreuse, a pour objet la destruction d'une ou de plusieurs batteries, il sera fort utile de faire suivre les troupes par un certain nombre de travailleurs sous la conduite d'un officier d'artillerie, portant deux à deux autant de grosses bombes, avec des fusées extrêmement lentes, qu'il y a des pièces dans les batteries auxquelles on en veut. Parvenu au terme, on fait attacher au bouton de chaque pièce une bombe qui tombe entre les flasques, et le feu étant mis à toutes les fusées ensemble, on s'éloigne au plus vite. L'effet de ces bombes est assuré, aucun affût n'y résistera.

Si tous ces détails sont bien suivis, l'ennemi souffrira beaucoup et s'approchera bien lentement et avec de grandes peines du chemin couvert. Il y parviendra cependant à force de travail. Admettra-t-on pour cela le malheureux préjugé qu'alors une place ne saurait plus faire qu'une courte et faible résistance? Non sans doute, l'établissement de l'ennemi sur la contrescarpe ne l'offre que d'avantage en but à l'artillerie de la place, qui pourra lui faire plus de mal qu'auparavant et lui offrir encore de grandes difficultés.

III.

Usage de l'artillerie après la prise du chemin couvert et pendant l'assaut au corps de la place.

Soit que l'ennemi entreprenne de couronner le chemin couvert par industrie, soit qu'il le tente à force ouverte, outre les chicanes multipliées et les coups de main que l'infanterie et les mineurs lui feront essuyer à chaque pas, les batteries des flancs qui n'auront été que faiblement endommagées, si l'on a eu soin de les couvrir par de bons parc-à-dos, les échappées des courtines entre les demi-lunes et les bastions, la grêle redoublée de grosses et petites bombes, l'effet des pierriers placés aux angles flanqués et aux angles de l'épaule des bastions, ainsi qu'aux angles saillants des demi-lunes, lui causeront bien du tourment. Mais ce n'est pas assez, il faut se préparer à rendre le couronnement impraticable, à retarder l'établissement des batteries de brèche, à les prendre de flanc et d'enfilade. Si la fortification de la place est aussi rasante qu'elle doit l'être, les batteries de l'assiégeant qui passent au-dessus des parties du chemin couvert qu'il doit prendre ou ne pourront plus lui servir ou n'auront qu'un effet très-incertain, dès qu'il en voudra occuper la crête ou qu'il l'aura fait. Cela posé, l'assiégé profitera des premiers moments de relâche pour réparer ses parapets, pour relever ses traverses et en faire de nouvelles, s'il est nécessaire, aux faces des bastions et des demi-lunes et le long des courtines, pour placer des pièces extérieurement aux prolongements des branches de son chemin couvert; enfin pour mettre des mortiers partout où le canon ne pourra tenir. Des batteries[1] ainsi disposées, prévenant l'établissement

1. Ce n'est donc pas sur le mérite de ces batteries que je dois m'étendre, mais sur la possibilité de les établir et de les conserver.

En premier lieu l'espace ne manque ni dans les demi-lunes ni

solide de l'ennemi dans une position fort incommode en elle même et très-serrée, l'empêcheront de l'achever tant qu'il y aura dans la place de quoi nourrir leur feu.

Ces batteries une fois construites, leur feu doit être vif et continuel. Le temps est venu de prodiguer, pour ainsi dire, les munitions. Quelques pièces tireront de plein fouet pour briser les obstacles; d'autres

dans les bastions. Suivant les maximes générales de l'art de fortifier, les faces des bastions ont à peu près 97m,45. La demi-lune en couvre 7m,79, son fossé en prend 23m,38, et son chemin couvert 11m,69, il en reste donc au moins 41m,92, depuis l'intérieur de l'angle flanqué, pour l'emplacement de la batterie que je propose. Or, dans cet espace, je pourrai mettre 6 pièces de 24 et trois traverses épaisses chacune de 3m,88. Les batteries de la demi-lune ne seront ni moins fortes en nombre de pièces ni plus serrées; la seule inspection d'un plan le prouve, mais les embrasures seront un peu plus biaisantes.

Voilà qui va bien quant à la longueur, dira quelqu'un : mais vous n'aurez pas assez d'épaisseur, car vos défenses auront été ruinées par les premières batteries de la tranchée, et supposé que ces premières batteries par leur éloignement deviennent aussi inutiles que vous le prétendez, lorsque les travaux sont parvenus à la crête du chemin couvert, rien n'empêche d'en construire de nouvelles sur la même direction entre la deuxième et troisième parallèle, ou même dans cette place d'armes. Leur proximité en rendra le feu très-assuré, et sous leur protection le couronnement de la contrescarpe et les autres établissements se feront sans que vous puissiez vous y opposer que faiblement.

Je réponds généralement à ces difficultés : 1° qu'il n'arrive point qu'un parapet à l'épreuve soit assez rasé pour qu'il ne puisse servir, si de la campagne on n'en découvre que 3m,24 ou 3m,88, puisque l'expérience de tous les siéges a fait voir qu'il en coûte beaucoup pour les raser ainsi en battant le pied du revêtement; 2° que les secondes batterie sproposées étant plus proches de la place, le seront aussi davantage l'une de l'autre, et par conséquent donneront beaucoup de prise à tous les feux et à toutes

par plongées; celles-ci à mitraille, en observant toujours avec soin l'effet des coups et les circonstances. Les mortiers et les pierriers chargés de cailloux, de petits boulets, d'éclats de bombes, de grenades, seront servis avec une égale promptitude. D'un autre côté, les pièces placées dans les flancs le long des courtines, sur la droite et sur la gauche de l'attaque, continueront à battre les communications des tranchées au

les chicanes détaillées dans le chapitre précédent, qu'elles seront très-longues et très-difficiles à faire, ce qui retarde d'autant la prise de la place, objet essentiel pour la gloire du gouverneur et l'honneur de la garnison; que très-certainement leur feu, quoique moins dangereux que celui des premières pour les troupes occupées au couronnement du chemin couvert, le sera toujours beaucoup, et ne pourra faire de mal pendant la nuit qu'aux maisons de la ville et aux assiégeants mêmes. Ces batteries augmenteront donc l'embarras et les incommodités de l'assiégé, sans rendre sa situation désespérée.

Mais je ne m'en tiens pas à ces réponses, et je dis que quand les parapets seraient presque rasés, et que les nouvelles batteries de l'assiégeant auraient tout l'effet prétendu, il est encore possible à l'artillerie de la place de le désoler avant et après la construction de celles de brèche. Voici comment je le prouve.

Les traverses ont dû être faites dans les positions convenables, aussitôt après l'ouverture de la tranchée; nous en avons prévenu plus haut. Il serait bon qu'elles fussent de $0^m,11$ ou de $0^m,17$ plus élevées que le parapet et faites avec des gabions ordinaires, parce que les gros sont trop difficiles à manier et qu'ils causent beaucoup de peines dans les réparations. Une traverse défendra aisément deux pièces contre les ricochets, surtout si la première en est fort proche, comme elle doit l'être.

Il s'agit à présent du parapet. Où est l'impossibilité d'en fortifier les restes avec des gabions et de la terre prise aux barbettes ou préparée d'avance. Je vais plus loin, supposez-le totalement rasé, qui empêche d'en former un nouveau en s'enfonçant dans le terre-plein du rempart? il sera d'autant meilleur qu'il donnera moins de prise au feu de l'ennemi. (*DuPugey*, p. 255, 256, 357.

couronnement du chemin couvert, les premières batteries que l'ennemi aura conservées, et les nouvelles qu'il aura construites aux environs de la troisième parallèle.

Les artifices, les pots à feu, balles à feu et autres, éclaireront tellement les manœuvres de l'ennemi qu'elles ne pourront échapper. Tout l'avantage sera donc à l'assiégé, jusqu'à ce que l'ennemi ait amené ses canons, ses mortiers, ses pierriers, dans les emplacements qu'il leur aura destiné, sur la crête du chemin couvert ou dans l'intérieur.

Après l'exécution raisonnée des bouches à feu placées sur le front d'attaque, depuis la prise du chemin couvert, la plus grande attention de l'assiégé doit être de réparer ses batteries à mesure qu'elles souffrent, et de ne pas les laisser s'engorger par des affûts brisés, des pièces hors de service, des ruines de quelque espèce qu'elles puissent être. Le mal parvenu à un certain point, dans la défense bien plus que dans l'attaque, est irréparable, et chaque partie prise séparément et à propos ne coûte presque rien à rétablir. L'on donne quelquefois pour excuse de la reddition d'une place le manque d'affûts. Cette excuse est mauvaise; quand même les deux affûts dont la pièce doit être approvisionnée seraient entièrement brisés après avoir été raccommodés plusieurs fois, rien de plus facile que d'y suppléer, surtout pour les petites charges, tant qu'il reste dans la ville des poutres, du fer, du charbon, des charpentiers et des forgerons. Je dirai la même chose des bois à plate-forme qui peuvent être remplacés par les solives, les planches, les portes des édifices publics et particuliers. Ce ne sont presque jamais les moyens qui manquent; et il y aurait un mémoire tout entier à faire sur cet esprit de ressource par rapport aux attirails qui pourraient manquer, soit en campagne, soit dans les places.

Il serait glorieux de réduire l'ennemi à cette extrémité qu'il ne pût ni avancer ni se soutenir même sur la contrescarpe, et de le forcer à revenir sur ses pas pour essayer d'accabler la place à force de feu et de nouvelles batteries. Pourquoi ne pas l'espérer? *M. de Valière*, au siége d'Aire, força bien les ennemis à changer leur attaque. Alors on ferait ce qu'on a fait au commencement, on céderait à ce nouvel orage jusqu'à ce qu'il se présente une seconde fois pour ouvrir le corps de la place. Mais il ne faut pas trop se flatter, c'est beaucoup d'avoir gagné du temps. Quand à force de constance il sera parvenu à faire brèche, il ne sera pas encore au bout de ses peines. Il faut passer le fossé. Sec ou plein d'eau, ce n'est pas une petite affaire, et l'assaut qui doit suivre en est une encore plus terrible.

Si le fossé est plein d'eau, il faudra que l'assiégé ruine l'épaulement du pont par le canon des flancs, les bombes et les artifices. S'il est sec, l'ennemi qui aura éprouvé la valeur de la garnison ne le passera pas à la légère pour arriver à la brèche. De quelque manière que l'assiégeant tente ce passage d'un fossé sec, il aura également à souffrir des pièces de canon placées dans les flancs et des mortiers disposés à droite et à gauche. C'est là le chemin battu dont il n'est pas permis de s'écarter, et l'effet de ces batteries, soutenu par les actions vigoureuses de la garnison, retardera sûrement l'assaut de plusieurs jours.

Ce temps précieux doit être employé à perfectionner les batteries du retranchement, que le gouverneur n'aura pas manqué de faire travailler dans chaque ouvrage attaqué dès le commencement du siége, et à réparer les dommages que le feu de l'assiégeant aurait pu y causer.

Le chevalier *de Ville* propose de mettre aux deux extrémités de la brèche des pièces courtes le plus à couvert possible; elles seront chargées à mitraille, et dès que la colonne ennemie présentera sa tête à bonne hauteur, l'on tirera ces pièces alternativement de la droite à la gauche. Des obusiers sont admirables pour de semblables occasions, parce qu'étant fort gros ils contiennent beaucoup de balles, et qu'étant très-courts ils sont aisés à charger. L'objet à battre est si proche que l'effet sera terrible [1].

Pendant que la tête des assaillants est en butte au tir des pièces courtes, aux mousquets de l'infanterie et à ses armes de longueur, ceux qui sont ou dans le fossé ou au bas de la brèche essuient les coups multipliés des flancs hauts et bas; et les batteries des ouvrages collatéraux ne cessent de faire pleuvoir des bombes et des boulets sur le chemin couvert, sur les communications à la troisième parallèle, où il doit se faire de grands mouvements. Serait-il étonnant qu'un assaut si vigoureusement soutenu ne réussît pas à l'assiégeant? mais enfin il doit parvenir à se pratiquer un logement sur la brèche; pour lors il aura à faire aux feux souterrains et à ceux des retranchements. Quand il les aura surmontés, le gouverneur, content de lui-même et de sa garnison, proposera de capituler. Ainsi la fin des plus opiniâtres défenses est presque toujours la reddition. Voudrait-on conclure de là qu'il ne faut pas faire tant de dépenses pour fortifier les clés des États et les approvisionner? s'il en coûte beaucoup pour défendre

1. Peut-être serait-il bon d'avoir aussi des pièces qui pussent se charger par la culasse, attendu que la manœuvre en serait plus sûre et plus prompte; elles auraient de plus l'avantage qu'en cas de retraite les canonniers emporteraient une des pièces de la culasse, et par là ôteraient à l'ennemi le pouvoir de s'en servir. (*Du Pugey*, p. 264-265.)

une forteresse qui fait la sûreté d'un pays, qui peut prévenir ou réparer la défaite d'une armée, faire mor fondre un ennemi puissant pendant toute une campagne, en coûte-t-il moins pour en faire la conquête ?

Ceci n'est qu'un abrégé très-succinct d'un siége ; je me réserve d'entrer dans de plus grands détails lorsque je traiterai de la fortification et des opérations d'une armée[1].

1. Tous ces détails sont tirés du livre intitulé : *Essai sur l'usage de l'artillerie*, à quelques changements près que j'ai cru nécessaires. (Note de M. de La Roche-Aymon.)

TABLE DES MATIÈRES.

FIN DE LA TABLE DES MATIÈRES.

Paris. — Typographie de Gaittet et Cie, rue Gît-le-Cœur, .

Paris. — Typographie de Gaittet et Cie, rue Gît-le-Cœur, 7.

www.ingramcontent.com/pod-product-compliance
Ingram Content Group UK Ltd.
Pitfield, Milton Keynes, MK11 3LW, UK
UKHW021904260726
13966UKWH00006B/502

9 782011 787583